L'AMOUR, LE VRAI !

Faites la rencontre de votre vie

LUCIE
MARIOTTI

L'AMOUR, LE VRAI !

Faites la rencontre de votre vie

BIEN-ÊTRE

H&

Composition : SKGD-Création

HARPERCOLLINS FRANCE
83-85, boulevard Vincent-Auriol
75646 PARIS CEDEX 13
Tél. : 01 42 16 63 63
www.harpercollins.fr

ISBN 978-2-2804-3046-3

À toi Axel, l'amour incarné.
Merci de m'avoir choisie.

L'amour est partout, et je souhaite que ces pages, qui en sont encrées, vous l'enseignent et vous (r)ouvrent le cœur.

Sommaire

Lettre à vous

D'aussi loin que je me souvienne, j'aime les histoires. Il n'y a rien de plus captivant pour moi que ce moment où une personne vous livre son récit, vous fait le cadeau de partager avec vous un peu de sa vie... Raconter son histoire, c'est découvrir un peu plus de soi, dans les yeux de l'autre.

Oui, notre identité est intimement liée à l'histoire que l'on raconte aux autres, à ce que l'on raconte de soi, car c'est le regard que nous posons sur notre identité, et que nos interlocuteurs posent sur elle, qui nous offre la possibilité de rencontrer ce que nous sommes.

Depuis que je suis enfant, les histoires me fascinent.

Mes parents recevaient beaucoup, et je me rappelle que mon petit frère et moi nous nous couchions sur le plancher de la mezzanine où nous dormions, pour observer et écouter, par un petit trou, tous ces adultes qui semblaient avoir vécu mille et une aventures ! Je me laissais emporter par toutes les images que je projetais sur leurs mots, et mon corps flottait sur cet imaginaire immense, qui s'ouvrait sur un infini de possibles.

Encore aujourd'hui, lorsque je rencontre une nouvelle personne, je reste immobile et coupée du reste, à l'écoute de l'histoire de cet autre, cet homme ou cette femme qui vit sur la même planète, dans la même ère que moi, et a pourtant tout d'unique. Je crois que ce sont l'âme et l'histoire qu'elle vit qui font la personne.

Je m'inspire, m'enrichis et apprends, à l'écoute de tous les récits que j'entends. Et comprendre sur quels chemins chacun a posé ses pieds pour arriver ici et maintenant reste un instant magique de chacune de mes séances, et de mon existence.

Depuis toujours, les contes font grandir l'humanité. Les histoires vraies plus encore. Elles sont le reflet d'un autre possible, d'une autre route, elles sont un tremplin d'espoir !

Les contes font rêver les enfants, mais les histoires vraies, elles, invitent à réaliser ce qu'elles racontent, à voir que la réalité dépasse bien souvent la fiction.

J'ai demandé à des couples qui vivent un amour extraordinaire, de partager leurs histoires et leurs secrets. J'ai analysé leurs récits, pour vous en offrir l'essence et le sens, puis je m'en suis inspirée pour créer des coachings, avec l'envie et la certitude de vous permettre d'écrire votre propre histoire d'amour extraordinaire.

À vous donc, qui lisez ces mots, je voudrais le dire : l'amour est partout, et je souhaite que ces pages, qui en sont encrées, vous l'enseignent, vous (r)ouvrent le cœur.

Alors fermez les yeux, prenez une grande inspiration et rêvez à cette réalité : l'amour.

L.M.

Il n'y a PAS DE HASARD, il n'y a QUE DES RENDEZ-VOUS.

PAUL ÉLUARD

CHAPITRE I

Une HISTOIRE *de* TIMING

« Il est mon amour, mon ami, mon amant et mon pilier. Je l'aime, tout simplement ! »

Stéphanie

Et si je vous disais qu'en amour, pour qu'une histoire fonctionne, il existe quelque chose d'aussi important que la personne que l'on rencontre : le moment de la rencontre... Ne vous êtes-vous jamais dit que si vous aviez croisé telle ou telle personne à un autre moment de votre vie, de votre évolution personnelle, vous seriez passé à côté d'elle ? Ou qu'au contraire vous auriez vécu une belle histoire avec elle ?

C'est pourquoi il me vient une autre question : vous, qui avez envie de rencontrer l'amour, avez-vous intégré à votre réflexion sur votre démarche la notion de temps ? En d'autres termes : êtes-vous prêt à faire la rencontre qui doit changer votre vie ?

Le timing, en amour comme dans d'autres domaines, peut tout faire basculer. En voici la preuve, avec l'histoire de Stéphanie et Stéphane, une histoire de temps.

***Say Something I'm Giving Up on You* – A Great Big World :** cette musique m'a accompagnée dans l'écriture de ce chapitre. Et si elle accompagnait votre lecture ?

UNE HISTOIRE DE TIMING

STÉPHANIE ET STÉPHANE

Cette histoire d'amour extraordinaire a commencé bien plus tôt que ces deux âmes ne le pensent… On le comprend dès qu'ils évoquent des chiffres : «Mon mari et moi sommes ensemble depuis huit ans, mariés depuis sept, et nous avons un fils de six ans ! Mais nous nous sommes rencontrés à l'école primaire, il y a plus de trente-cinq ans…», confie Stéphanie.

Ceux qui me connaissent un peu le savent : je crois profondément que l'univers est généreux en signes. Encore faut-il savoir les entendre ! Dans ce cas précis, comment ne pas penser que les parents de ces futurs époux ont choisi de les appeler Stéphanie et Stéphane parce que leur destin était déjà écrit à leur naissance ?

J'aurais d'ailleurs pu appeler cette histoire «une histoire de signes». Ou même, mieux : «une histoire de farine». Voici pourquoi…

C'est dans la boulangerie grand-parentale, un lieu très symbolique pour la petite fille qu'est alors Stéphanie, que Stéphane et elle se rencontrent. Les parents du garçon y achètent leur pain, et les deux familles finissent par se fréquenter et devenir proches. La grand-mère, qui adore Stéphane, incite sa petite-fille à devenir son amie. Se doute-t-elle déjà que, des années plus tard, elle assistera à leur mariage ? Que Stéphane trouvera en elle la mamie qu'il n'a plus ? Et pourquoi ce lieu, où l'on fabrique le pain, est-il particulièrement important dans leur histoire ? Parce

C'est lorsqu'on
PREND
la
DÉCISION
de
SAUTER
que le
FILET
APPARAÎT.

JOHN BURROUGHS

que c'est le souvenir de cette boulangerie, qu'elle rattache à l'homme qu'il est devenu, qui permettra à Stéphanie de se sentir rassurée et protégée par lui ; elle l'associe aux odeurs de son enfance, à la famille, à l'insouciance...

Les deux enfants se retrouvent ensuite sur les bancs de l'école, de la primaire jusqu'à la troisième, et apprennent ensemble à comprendre le monde qui les entoure. Au même endroit, au même moment, ils vivent les mêmes choses. Ils sont de simples « copains », à cette époque. Rien, pour le moment, ne leur permet d'imaginer que, trente-cinq ans plus tard, ils s'uniront dans un amour d'une évidence et d'une fusion rares.

Cependant, l'univers poursuit son travail de Petit Poucet et il égrène ses miettes... D'ailleurs je ne peux résister à l'envie de vous préciser ceci : «copains», étymologiquement, signifie «ceux qui partagent le pain»... Ainsi, la vie semble vouloir prendre son temps, jouer un peu aussi peut-être, mais surtout prouver que les «bonnes personnes» ne peuvent se trouver, se reconnaître, qu'aux bons moments, quand elles y sont prêtes.

Les chemins de Stéphanie et Stéphane se séparent après le lycée. Commencent à se dessiner, pour elle et pour lui, deux routes différentes ; cet éloignement est indispensable à leurs retrouvailles.

Stéphane se consacre à sa formation de gendarme. Il se marie et devient papa d'une petite fille. Stéphanie, quant à elle, semble vouloir faire durer l'insouciance de sa jeunesse et choisit de se laisser porter par l'amusement. Stéphane divorce, et souffre.

Stéphanie court après des amours impossibles, et souffre. Chacun, de son côté, tisse, sans le savoir, une toile qui se renforce jour après jour, jusqu'à devenir assez solide pour qu'ils y brodent ensemble les images de cette nouvelle rencontre, celles du temps de l'amour.

C'est alors que les chemins de l'univers entament leur convergence… C'est le *bon* moment, ce sont les *bonnes* personnes.

Stéphanie travaille depuis quelques années avec le frère de Stéphane. C'est lui qui sera l'entremetteur de cet amour qui sommeille et attend son heure : il apprend à Stéphanie que son frère est revenu en ville. Sans trop qu'elle sache pourquoi – ne dit-on pas que le cœur a ses raisons que la raison ignore ? –, il lui prend l'envie de renouer avec lui.

« Je décide de le contacter sur Facebook, et on se téléphone. On reste des heures à se raconter nos vies ! On décide de se voir en amis… Physiquement, sur les photos, on ne se plaît pas du tout et on se le dit ! » se souvient Stéphanie. Le rendez-vous est pris, et la réserve initiale, dictée par une ultime résistance mentale, laisse place à un cri du cœur : « On se voit en vrai, et c'est le coup de foudre ! »

C'était le 1er décembre 2011, date à partir de laquelle ils ne se sont plus quittés. En 2012, ils se disent « oui ». En 2013, ils donnent naissance à un fils. En 2019, ils acceptent de partager avec moi, pour vous, la magie de cet amour qui rayonne toujours.

MON REGARD SUR LEUR HISTOIRE

Lorsque je l'ai écoutée, j'ai eu la sensation de voir l'histoire de Stéphanie et Stéphane se dérouler sous mes yeux. C'est dû à la vivacité de leurs souvenirs, comme si tous les événements s'étaient passés la veille, comme si cette histoire était avant tout une évidence.

Il est frappant d'ailleurs d'entendre leurs réponses, lorsque je les interroge sur leur seconde rencontre et leur demande comment chacun a su que l'autre était le bon. Les mots de Stéphanie sont sans équivoque : « Je ne me suis pas posé de questions, explique-t-elle. Il était essentiel dans ma vie, et au fond de moi c'était lui. Il m'a apporté la stabilité, l'amour et le bonheur. Grâce à lui j'ai compris le véritable sens du mot "amour" ». Cette certitude a guidé Stéphane aussi, qui me dit qu'au contact de celle qui est aujourd'hui sa femme il a découvert sa véritable personnalité, qu'il est devenu lui-même.

Cette histoire d'amour, c'est donc un prolongement d'eux-mêmes, une réalisation de ce que chacun est, profondément, la concrétisation de ce qui a mûri dans le cœur de ces deux personnes qui étaient la « bonne » l'une pour l'autre. C'est qu'elle arrivait au bon moment.

Ainsi, le temps est une donnée importante de leur histoire. Il n'a pas altéré leur amitié, et y a ajouté la maturité et l'expérience qui leur permettra, des années plus tard, de se regarder différemment, comme pour la première fois.

Leur histoire est la première que j'ai rédigée pour écrire cet ouvrage et, même si je sais que c'est en vivant les choses que l'on prend conscience de ce qu'elles provoquent en nous, j'ai été très surprise par la force des émotions qui m'ont envahie. J'ai été très enthousiasmée par ce récit qui, dès les premiers instants, m'a semblé à la fois fort, beau et plein d'enseignements.

Fort, parce que cette histoire ne laisse pas indifférent, elle laisse une trace dans les mémoires, elle marque... Si ceux qui la connaissent ont, sans doute, plaisir à la raconter, c'est parce que son souvenir est proportionnel à sa force. Et cette force, je crois sincèrement que c'est celle de l'amour, au sens le plus pur du terme. D'où la beauté de cette aventure ! Dans le cas de Stéphanie, il s'agit d'un amour patient, qui prend le temps de vivre et de grandir. De bâtir les bonnes fondations. Un amour qui, une fois son œuvre assez solide, vient s'y poser, de façon stable et durable.

C'est pourquoi tous deux peuvent parler en termes forts de leur relation. «Complicité évidente», dit Stéphanie, «complémentarité », explique Stéphane. Ils n'hésitent pas ensuite à me révéler les piliers sur lesquels ils s'appuient au quotidien et ont bâti leur amour : la communication, la franchise, la spontanéité sont des valeurs indispensables, selon la jeune femme, auxquelles son mari ajoute la transparence, la loyauté... Et le fait d'écouter sa compagne d'une oreille («même si elle croit que je ne l'écoute pas», précise-t-il avec un brin de malice !). Mais ils sont honnêtes et n'hésitent pas à le reconnaître avec moi : ils se disputent, parfois, et ces moments aussi, combinés avec de vrais fous rires, les aident à construire leur amour.

Je ne vois pas de hasard ni de chance dans ce qu'ils ont le bonheur de vivre ; je vois de « l'ici et maintenant ». Stéphanie et Stéphane ne sont pas ensemble parce qu'ils sont chanceux, ils sont ensemble parce qu'ils ont vécu ce qui se présentait. Et cela demande du courage, et une force bien plus grande que celle à laquelle le malheur nous astreint parfois. Oui, il faut du courage et de la force pour saisir le bonheur, sortir de ses croyances limitantes, dépasser ses peurs, sauter dans l'inconnu sans encore savoir s'il y a un filet... Il faut du courage pour oser être heureux.

Stéphanie et Stéphane ne me contrediront pas : ils sont les premiers à conseiller à celles et ceux qui voudraient, comme eux, faire une belle rencontre, de ne pas chercher l'amour et de ne jamais s'arrêter au physique des gens qu'ils croisent : l'amour viendra s'il doit venir, car il est une force, une force intérieure... Il attend quelque part, mais il faut parfois savoir patienter, remarque Stéphanie, forte de sa propre expérience. C'est que chaque chose arrive en son temps.

Et c'est vrai : Stéphanie et Stéphane ont laissé le temps agir, et écouté, suivi les signes, leur intuition. Ils ont accepté de lâcher prise. Comme les explorateurs, ce faisant, ils ont découvert un nouveau monde : le leur.

Perspectives d'évolution

COMMENT ENTENDRE LES SIGNES ?

C'est la question que pose l'histoire de Stéphanie et Stéphane, la question que vous devez vous poser, vous qui souhaitez peut-être vivre comme eux une aventure magique.
Car c'est indéniable : Stéphanie et Stéphane ont su écouter les signes que la vie leur envoyait.
C'est même une part essentielle de leur histoire, un moteur, puisque les suivre leur a permis de se retrouver...

En amour, comme dans tous les domaines, être à l'écoute de ce qui se présente en vous et autour de vous peut transformer votre vie. Pas de magie dans cette réalité, cela s'appelle l'intuition, soit le système de connaissance le plus ancien dont dispose l'humanité.

« L'intuition est le mode de connaissance le plus naturel de l'homme. Le rationalisme n'est apparu que tardivement dans l'histoire de la pensée, sous l'impulsion du cartésianisme il y a quelque trois cents ans, autant dire trois grains dans le sablier de l'humanité[1]. »

1. Meryem Le Saget, *Vers l'entreprise collaborative*, Dunod, 2013.

Voici 3 méthodes, pour vous (re)connecter à votre capacité à écouter...

Passez du temps dans la nature

Prendre le temps de marcher pieds nus, en fermant les yeux, dans une clairière, une rivière, le sable, la mer... Portez votre attention sur la sensation que procurent ces différents sols lorsqu'ils entrent en contact avec la plante de vos pieds. Laissez monter l'énergie dans vos jambes, puis dans votre corps tout entier. Dès lors, levez et écartez les bras en V, et laissez entrer, par le haut cette fois, les énergies du ciel.

Certaines personnes pensent que la terre représente la mère, et l'univers le père. Quoi qu'il en soit, ces deux éléments sont les meilleurs «maîtres» pour relancer en vous le cycle originel et naturel de l'écoute.

Méditez en regardant la flamme d'une bougie

C'est ma méthode de méditation favorite. Elle permet aux débutants, comme aux confirmés, d'entrer en eux en portant leur attention sur cet élément très puissant qu'est le feu. Le vacillement de la flamme accélère l'entrée en soi, car c'est bien de cela qu'il s'agit en méditation : tourner ses yeux et ses oreilles vers l'intérieur.

Méditer ne revient pas à «ne plus penser», comme je l'entends trop souvent. Méditer, c'est observer ses pensées, sans s'y accrocher, les laisser défiler, les observer, mais ne pas les juger. Ainsi, le mental s'apaise et laisse sa place à l'intuition, qui est son maître.

Suivez le mouvement

Durant une heure, une journée, ou le temps que vous voulez, laissez-vous porter par les signes, sans concevoir aucun jugement, sans opposer aucune résistance.

Par exemple, il m'arrive souvent de sortir faire une course, et de me dire : « Top départ, je lâche le volant ! Je vais écouter tout ce qui se présente, absolument tout, que ce soient des idées, des envies, des signes, des messages... » Si j'ai envie d'aller à droite alors que le magasin est à gauche, je le fais. Si un ballon envoyé par un enfant roule jusqu'à mes pieds, je joue quelques minutes avec lui. Si une personne à qui je n'ai pas envie de parler m'appelle à ce moment-là, je réponds... Je surfe !

Essayez. Vous verrez, cet exercice est source de joie, de liberté, et de belles surprises ! Mais surtout cela envoie le message que vous êtes à l'écoute, ce qui encourage les signes à se présenter. Or vous ne pouvez pas vous tromper en les suivant. Il ne peut ressortir de cette expérience que du bon... Attention, toutefois : ce qui est bon pour vous n'est pas toujours ce que vous, vous jugez bon !

COMMENT LÂCHER PRISE ?

Si Stéphanie a pu (re)rencontrer Stéphane, c'est parce qu'elle a su lâcher prise, baisser le volume de son mental pour entendre les battements de son cœur. Ce concept très à la mode, que je qualifierais plutôt de «laisser être», ne consiste pas à abandonner, mais bien à agir, tout en acceptant ce qui est et ce qui sera, et à s'en servir comme une vague sur laquelle surfer, et non contre laquelle nager.

Être à l'écoute des signes et de son intuition, et laisser être, sont deux concepts très proches. L'un va rarement sans l'autre. En travaillant l'écoute, grâce à l'exercice proposé plus haut, vous allez faire grandir votre capacité intuitive. En travaillant le lâcher prise, vous agirez sur le contrôle, le mental. Les deux formeront alors un cercle vertueux très apaisant, source d'un sentiment de justesse qui vous accompagnera quotidiennement.

Apprenez à lâcher prise

Vous allez travailler sur la relativité et l'acceptation.

Mais, pour cela, je dois d'abord vous parler des singes en Asie. Pour les capturer, les chasseurs utilisent un piège qui me paraît être une métaphore de notre incapacité à lâcher ce que nous « tenons », que ce soient nos joies ou nos soucis. Ils évident des noix de coco par un petit trou, légèrement moins large que le poing d'un singe. Ils placent

une petite friandise à l'intérieur et ils attendent. Le singe secoue la noix et comprend qu'elle contient quelque chose. Il passe sa main par le trou, y parvenant tout juste, et se saisit de la friandise, qu'il essaie de retirer. Or, le diamètre du trou ne lui permet pas de sortir sa main, si son poing est fermé. On pourrait alors imaginer que le singe va lâcher sa prise, ou trouver comment sortir la friandise en secouant la noix pour en retirer sa main. Mais non, il s'accroche... Il a beau voir les chasseurs approcher, il est incapable de lâcher prise pour sauver sa vie : il préfère s'agripper à son butin !

Méditez quelques instants sur cette histoire vraie.

Puis, muni d'un crayon et de plusieurs feuilles blanches, dessinez des noix de coco, remplissez-les des choses auxquelles vous vous agrippez au lieu de les lâcher pour avancer, ou même pour vous sauver.

La noix de coco peut, par exemple, contenir vos complexes physiques, qui vous rendent malheureux, mais auxquels vous vous accrochez et derrière lesquels vous vous cachez pour expliquer que vous êtes célibataire, plutôt que de travailler à modifier le regard que vous portez sur vous...

Prendre conscience, en les dessinant, en les écrivant, puis en les observant, de ces points de crispation représente plus de la moitié du travail...

Alors ? À quelles noix de coco restez-vous accroché, au point de vous laisser piéger ?

Les citations nous font réfléchir, les poèmes nous font rêver. La poésie pose des mots sur les battements du cœur. Voici quelques vers d'Émile Verhaeren, pour Stéphanie et Stéphane. Et pour vous.

Voici quinze ans déjà que nous pensons d'accord

Voici quinze ans déjà que nous pensons d'accord ;
Que notre ardeur claire et belle vainc l'habitude,
Mégère à lourde voix, dont les lentes mains rudes
Usent l'amour le plus tenace et le plus fort.
Je te regarde, et tous les jours je te découvre,
Tant est intime ou ta douceur ou ta fierté :
Le temps, certes, obscurcit les yeux de ta beauté,
Mais exalte ton cœur dont le fond d'or s'entr'ouvre.
Tu te laisses naïvement approfondir,
Et ton âme, toujours, paraît fraîche et nouvelle ;
Les mâts au clair, comme une ardente caravelle,
Notre bonheur parcourt les mers de nos désirs.
C'est en nous seuls que nous ancrons notre croyance,
À la franchise nue et la simple bonté ;
Nous agissons et nous vivons dans la clarté
D'une joyeuse et translucide confiance.
Ta force est d'être frêle et pure infiniment ;
De traverser, le cœur en feu, tous chemins sombres,
Et d'avoir conservé, malgré la brume ou l'ombre,
Tous les rayons de l'aube en ton âme d'enfant.

Émile Verhaeren, *Les Heures d'après-midi*

MES BELLES RENCONTRES...

Quand on me parle de timing, je repense toujours à l'histoire de mes grands-parents maternels... Leur rencontre est digne d'un conte de fées... C'est une rencontre qui a eu lieu au bon moment, au bon endroit, et qui a sans nul doute contribué à développer en moi cette passion que j'ai pour l'amour.

Ma grand-mère, Lina, était cavalière et se promenait ce jour-là, aux abords d'un lac. Mon grand-père Julien, inspecteur de la garde indochinoise, était à cheval lui aussi, sur la colline qui surplombait le lac. Il l'aperçoit et en tombe amoureux sur l'instant.

De retour au village, il chercha immédiatement à savoir qui était cette femme. On le lui indiqua : il s'agissait de la veuve d'un guerrier, qui était aussi la nièce de la princesse Bordier, chez qui elle vivait désormais. Dès qu'il sut tout cela, mon grand-père Julien n'eut plus qu'une obsession : aller présenter ses hommages à ma grand-tante et en profiter pour commencer à courtiser la femme qui occupait toutes ses pensées. Il fit donc livrer chez elle un coffre en bois précieux monumental, et empli de soieries, de camphre et de bijoux. Les deux jeunes gens se parlent, se découvrent, et ma grand-mère tombe amoureuse de cet homme au grand cœur et qui fait montre d'une rare bonté. Il savait, comme elle, enchanter le quotidien.

Ils se marièrent.

Ma grand-mère était déjà maman de trois enfants ; mon grand-père et elle en eurent trois autres, dont ma mère, Nika. Julien adopta les trois aînés, puis emmena sa femme et leurs six enfants en France. Une gouvernante se joignit à eux, que mon grand-père avait sauvée d'un père qui voulait la vendre pour rembourser une dette de jeux...

Toute cette histoire se passe au Vietnam, dans les années 1950. Trente ans plus tard, je viens au monde, avec pour troisième prénom : Lina.

Les GRANDES CHOSES PEUVENT SE MANIFESTER par de PETITS SIGNES.

FREUD

Ces pages sont les vôtres

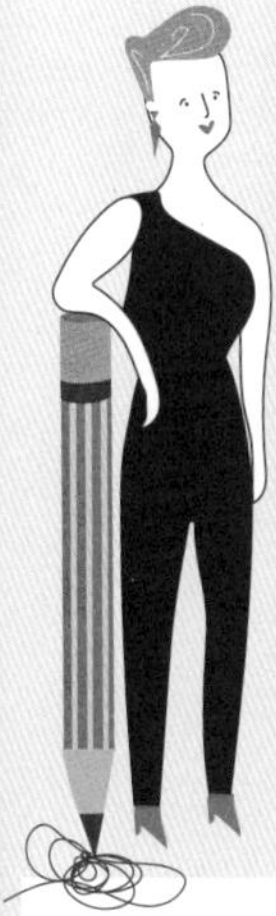

Je vous propose de vous livrer à un petit jeu, durant les sept prochains jours.
Notez ici tous les signes qui se présenteront sur votre chemin. Indiquez également la manière dont vous les avez accueillis : avec surprise, humour, incrédulité…
Pour finir, notez si vous les avez suivis ou pas !
Le septième jour, reprenez votre liste et, au calme, parcourez-la en vous demandant, avec le recul, ce que votre semaine aurait été, si vous aviez écouté tous les signes…

JOUR 1

JOUR 2

JOUR 3

JOUR 4

JOUR 5

JOUR 6

JOUR 7

CHAPITRE II

Une HISTOIRE de cheminement

« Et puis je relevai la tête et volai de mes propres ailes. Que voulais-je vraiment ? Pas le bonheur, mais mon bonheur. Qui voulais-je vraiment ? Pas le prince charmant, mais un homme bien. Il fallait que je provoque une rencontre. »

Anna

Parce que pour rencontrer l'autre il faut être prêt à se dévoiler, donc s'être rencontré soi-même. Parce que l'autre n'est pas un thérapeute, un pansement, ni un punching-ball. Et parce que les couples qui durent sont ceux qui se sont formés par envie, et non par besoin.

Pour toutes ces raisons, voici l'histoire d'Anna, qui a cheminé pour évoluer et rencontrer l'amour, au bout de sa route vers elle-même.

***Arrival of the Birds* – The Cinematic Orchestra** : cette musique m'a accompagnée dans l'écriture de ce chapitre. Et si elle accompagnait votre lecture ?

UNE HISTOIRE DE CHEMINEMENT

ANNA ET OLIVIER

Les premières pages de cette histoire commencent à la naissance d'Anna, puisque tous les pas que nous faisons construisent le récit de nos vies. Puis, il y a dix ans, la jeune femme pose un pied en dehors des sentiers battus et choisit de s'envoler. Voici comment elle a ouvert ses ailes...

Pour comprendre comment Anna a pu franchir cette frontière et s'éloigner de ses modèles, comment elle a pu se mettre «en ligne» pour qu'Olivier morde... à sa ligne, il faut remonter celle du temps.

Anna, enfant, est une poupée. De celles que l'on admire dans les vitrines des magasins de jouets : elle est parfaite... par-faite... faite-par... Elle est *faite* : à la fois façonnée et coincée.

À ce stade, vous imaginez peut-être qu'elle a dû fuir la tyrannie ou la violence ! Rien de tout cela : son défi a été de se libérer de l'illusion... pour plonger dans la réalité. Eh oui. Car vous devez savoir que cette jeune femme bien née, aimée, protégée, a passé toute sa jeunesse sur un tapis de roses dont on a soigneusement retiré chaque épine. Aucun parent n'aime avec excès : quand l'amour est véritable, on n'en donne jamais trop, d'ailleurs. Les parents d'Anna en ont rempli le cœur de leur fille à ras bord, et c'est un trésor qu'elle

a soigneusement choyé, et qui fait d'elle la femme pure, douce et bienveillante qu'elle est aujourd'hui.

Pourtant, durant ses premières années, notre petite fille modèle, élève brillante, enfant obéissante, amie discrète, vit dans l'ambivalence d'un environnement qui exige beaucoup, mais permet peu. Les roses avec lesquelles ses parents cultivent sa jeunesse, et dont ils ont censuré les piquants, lui apprennent à aimer les arcs-en-ciel, mais pas à apprécier la pluie, qui les fait pourtant naître. «Je n'avais jamais connu l'échec et je ne savais donc pas gérer le "non", ou la difficulté. C'est très handicapant dans une vie», note-t-elle.

En ôtant les épines, sa mère et son père veulent certes la protéger, mais ils rompent le cycle d'un équilibre : celui du « bien et du mal », qui n'existent que parce qu'ils coexistent pour former la vie, comme dans le symbole de la grande vérité qu'est le yin et le yang...

Alors, comme toujours dans ces situations de mirage, c'est la vie qui s'est chargée d'offrir à cette femme, au moment où elle fêtait ses vingt ans, le cadeau qu'on lui avait refusé : la réalité. Celle qui percute quand on l'ignore, mais aussi celle qui ouvre les yeux plus grand et engage à devenir sage. Non plus comme une image, cette fois-ci, mais bien comme un être éveillé, libre, et en conscience ! Et ce présent lui est offert sous la forme d'un premier amour ou, plutôt, d'un chagrin d'amour...

Anna tombe amoureuse et, pour la première fois de sa vie, elle tombe. Ce chagrin d'amour sera la ligne de

démarcation entre sa vie d'enfant modèle et sa vie réelle de femme. Le ravin est profond, la chute vertigineuse ; et les connaissances acquises pour «gérer et se relever», totalement inexistantes.

Me trouverez-vous sévère, ou naïve, si je vous affirme qu'à mon sens la vie lui a fait une faveur ? Pourtant, c'est bien mon avis. C'est parce que ce chagrin l'a percutée si fort, et a fait voler en de si nombreux éclats ses illusions, qu'Anna a décidé de passer les dix années suivantes à mener l'enquête de sa vie : elle s'est mise en quête d'elle-même... Le cadeau qu'elle s'est fait à elle-même, c'est le choix d'intégrer ce que la réalité lui offrait et d'en faire une chance, l'occasion d'évoluer.

Si cette analyse peut sembler dure, elle sonne juste aux oreilles de la jeune femme, qui m'avoue : «Je suis émue aux larmes en lisant ce passage, car c'est la première fois que quelqu'un parle de moi avec autant de justesse et retranscrit exactement ce que j'ai ressenti, me fait voir clair dans ce que j'ai traversé !»

Car c'est en tombant que l'enfant apprend à marcher. Lui, il ne se pose aucune question sur ses chutes, il ne les juge pas, ne les hait pas. Au contraire, il les intègre naturellement, comme des étapes faisant nécessairement partie de son développement, comme des sources de découverte et d'enseignement. L'enfant sait que l'on peut, que l'on doit tomber sept fois, mais se relever la huitième, plus grand.

Pour se relever, Anna a fait une analyse, durant sept ans. Dès la fin de son premier entretien avec le psychiatre qui l'a reçue, elle s'est sentie en confiance, écoutée avec bienveillance, entendue et aidée. Une main se tendait, mais pas

LES GENS

qui veulent

FORTEMENT

une **CHOSE**

SONT PRESQUE TOUJOURS

BIEN SERVIS

par le

HASARD.

BALZAC

pour la remettre sur le chemin tracé par les autres, pour l'emmener sur son chemin, l'aider à le découvrir puis la laisser marcher seule dessus. Pendant ces sept années, elle apprend à poser des mots sur ses souffrances, en fait un objet qui lui est propre, qui la construit. D'un coup, sa peine devenait légitime.

Il faut donc tomber sept fois pour se relever la huitième ? À sa dernière chute, Anna s'est relevée, libérée, rencontrée, et a rencontré l'amour : Olivier.

Cette rencontre, elle est d'abord écrite. Tous deux se sont rencontrés en ligne, sur un site dédié, et, après avoir échangé pendant quelques jours, ils ont décidé de se voir. La jeune femme était à la fois enthousiaste et effrayée ! Elle voulait le rencontrer, cet Olivier qu'elle aimait lire, mais elle craignait aussi qu'il ne se passe pas ce petit « je ne sais quoi » qui fait qu'on tombe en amour...

Pourtant, ça a été magique. Aussitôt qu'ils se sont reconnus, Anna s'est laissé porter. Elle a tout oublié, il n'y avait plus que ce qu'Olivier et elle se disaient. À partir de là, les choses sont allées très vite. À la fin de cette soirée ils se sont promis de se revoir, et l'ont fait, tous les soirs. Ils ne se sont plus quittés. Pour elle, il y a eu des tiraillements, parce qu'elle avait dix ans de solitude derrière elle, et elle a parfois eu besoin de retrouver le secret de cette solitude. Mais ça a été magique !

Et, comme l'amour véritable se multiplie, ils ont tous les deux fait pousser deux choux et une rose, avec quelques feuilles trop dures et trois ou quatre épines... Qu'ils aiment et chérissent tout autant que les feuilles tendres et les pétales odorants !

MON REGARD SUR UNE HISTOIRE

Voilà une histoire qui cache bien son jeu : sous son apparence classique, elle dévoile une héroïne des amours modernes, une jeune femme qui s'est assumée et a osé aller chercher l'amour là où peu de personnes voulaient encore se risquer, à l'époque : en ligne.

Voici une femme déterminée, qui, plutôt que de continuer à flotter au hasard, s'est mise à nager, vers un rivage inconnu. Ainsi qu'elle le reconnaît elle-même, Anna n'aurait pas rencontré Olivier si elle n'avait pas, d'abord, fait un travail sur elle avec un analyste. Nager vers l'inconnu suppose que l'on soit prêt ; il lui fallait être prête à tomber amoureuse, non des apparences d'un homme séduisant, mais de la personnalité de cet homme, de son être profond. De même, elle devait être prête à être heureuse, donc séduisante, prête à se dévoiler et à se laisser aimer pour ce qu'elle est, avec ses épines... Alors seulement leur amour serait durable.

Pour cela, elle devait se rencontrer et elle l'a fait. Ses sept années d'analyse lui ont permis d'avancer sur son propre chemin pour être à même de voir l'homme qu'elle devait y croiser. À lire entre les lignes de son histoire, on devine en effet qu'elle y a appris à s'imposer, elle qui était une enfant influençable, et à regarder la vie avec intrépidité.

Avancer sur sa voie, c'est aussi apprendre à conjuguer son exigence envers elle-même et envers les autres, exigence qui lui vient de son éducation et de son propre caractère, avec une bonne dose de bienveillance : elle devait réussir à se laisser aller suffisamment pour s'émouvoir ! Bref, Anna a appris à regarder la réalité en face, à vivre et à composer avec elle.

Et à prendre son courage à deux mains, à prêter l'oreille à ses envies, non aux commentaires des autres. En 2020, rencontrer sur Internet ou sur des applis est devenu monnaie courante, mais, il y a douze ans, rares étaient les femmes qui franchissaient cette ligne ; et plus rares encore celles qui le revendiquaient. Anna, il y a plus d'une décennie, a été de celles qui ont ouvert la voie vers ce nouveau mode de rencontre, de celles qui nous ont montré que l'amour est partout, pour peu que l'on se lance à sa recherche sans se laisser arrêter par les peurs qui viennent nous percuter.

Pourquoi avait-elle choisi ce moyen d'action ? Elle énumère, pour me répondre, toute une liste de raisons. D'abord, elle commençait à travailler dans l'enseignement et avait peu d'espoir de faire de nombreuses rencontres par le biais de sa profession ; il lui fallait donc prendre les choses en main. Et puis elle est une femme d'action, qui a besoin de gestes concrets… Elle a d'ailleurs pour devise : «Ce qui est fait n'est plus à faire» ; et sa formule fait hurler Olivier, qui est un contemplatif ! Ensuite, et surtout, cette démarche l'a fait avancer, encore, sur le chemin de sa propre connaissance, puisque les questions auxquelles elle a dû répondre, sur elle, sur le type d'hommes capable de la séduire, l'ont aidée à s'interroger sur ses véritables désirs. Voulait-elle rencontrer des hommes sportifs, riches, qui avaient fait des études ? Poser des mots crus sur ses rêves l'a forcée à cerner ces derniers avec honnêteté.

Pourtant, aujourd'hui encore, la démocratisation des rencontres en ligne n'a toujours pas réglé la question de l'image : avoir trouvé l'amour sur Internet reste « moins romantique » que d'avoir laissé faire la « vraie vie ». C'est même parfois synonyme de honte... Heureusement, notre Anna a pu compter sur un beau-frère solidaire et bienveillant, qui l'a aidée à installer le haut débit, à s'inscrire... Le tout avec un humour qui a dédramatisé ce qui aurait pu la gêner !

Pourquoi ces réticences ? Qu'y a-t-il de plus romantique que de choisir son destin, de vouloir aimer et l'être en retour, au point de le dire et de l'annoncer ? Quoi de plus courageux, de plus moderne, qu'une femme qui n'attend pas passivement le prince charmant et qui accepte de partager quelques rendez-vous avec des crapauds sans perdre espoir ?

La détermination n'est pas moins noble que le romantisme, elle est au contraire plus sage ! Pas de meilleure preuve que la réussite de cette histoire. Pourquoi Olivier ? Pourquoi elle ? ai-je demandé à Anna. « Parce que nous étions prêts en même temps, avec les mêmes envies, et la même intention de prendre les choses en main. Et aussi parce qu'il est lui, et que je suis moi ! » Je vois, pour ma part, une explication plus profonde : c'est que leurs caractères se complètent et

J'ACCEPTE

la

GRANDE AVENTURE

D'ÊTRE

MOI.

SIMONE DE BEAUVOIR

que les inconscients se parlent. Anna vient d'une famille nombreuse, bruyante, exubérante, et Olivier d'un noyau familial resserré, calme et mesuré : ce qui l'a séduit, c'est à n'en pas douter son côté ébouriffant. Et le fait qu'elle n'a jamais qu'une demi-seconde d'avance sur les événements, quand lui prévoit tout. On est loin de la petite fille modèle qu'elle a trop longtemps été. Bref, il était le bon, elle était la bonne ; mais une fois prête !

« Prête », cela veut dire capable de se montrer et d'apprécier la vie. On voit dans les yeux d'Olivier beaucoup d'amour, quand il regarde sa femme. Et moi, je devine en lui un homme qui admire celle qui a su se redresser et voler de ses propres ailes, regarder la réalité en face et être constructive, même au prix de douloureux efforts.

Quand je découvre ce genre d'histoire, je sens mon cœur se gonfler de fierté et d'espoir. Les jours plus sombres, cela me rappelle que tout est question de foi : en soi, en la vie, en l'amour. L'amour est partout, il est là où vous déciderez de le trouver, quand vous le déciderez, et quand cette envie vous envahira, au point d'écraser vos peurs...

Perspectives d'évolution

CHOISIR SA MÉTHODE THÉRAPEUTIQUE POUR AVANCER

Anna a très rapidement compris que certaines étapes, certains événements de la vie, méritent que l'on saisisse les mains qui se tendent, pour les traverser avec sérénité.
Je souhaite aborder ici deux points qui me paraissent importants : il doit être clair dans vos esprits que demander de l'aide n'est pas un signe de faiblesse, mais, au contraire, un témoignage de sagesse et d'intelligence. De plus, soyez-en convaincu, c'est vous qui détenez la clé de votre résilience. Les « accompagnants » ne sont pas des sauveteurs qui vous déresponsabilisent de votre guérison ; ils vous montrent le chemin et vous soutiennent, mais vous êtes le seul qui puisse le parcourir.

Cela dit, il est essentiel, pour avancer, que vous puissiez vous tourner vers telle méthode, et/ou telle ou telle personne en toute confiance. Voici donc comment savoir vers où vous orienter, en évitant de perdre du temps, de l'argent et de l'énergie.

Pour commencer, sachez qu'à mon sens le choix du thérapeute est plus important que le choix de la méthode. Ce qui fait l'efficacité d'un accompagnement, c'est certes la méthode, mais surtout la personne qui la propose. Je pense que toutes les approches peuvent potentiellement fonctionner, et avec tout le monde, tant qu'elles sont pratiquées par des hommes et des femmes passionnés et engagés, et des personnalités qui vous correspondent. Tout est affaire de rencontre et de connexion entre le « patient » et le soignant.

Voici un exercice en deux étapes que je pratique moi-même bien souvent, lorsque je veux être guidée dans mes choix.

Prenez une dizaine de feuilles blanches d'imprimante. Sur les cinq premières, notez les cinq méthodes qui vous attirent le plus. Ce peut être, par exemple, le yoga, l'hypnose, la psychanalyse, l'acupuncture, la méditation...

Prenez les cinq feuilles dans vos mains, fermez les yeux et mélangez-les. Tout en gardant les yeux fermés, posez-les au sol, en cercle, tout autour de vous. Respirez profondément, puis, au bout d'une minute, les yeux toujours fermés, posez vos pieds nus sur la première feuille et restez immobile pendant dix secondes. Faites de même avec les quatre autres feuilles.

Revenez au centre et, ensuite, revenez sur la feuille qui vous a procuré le plus de sensations agréables. Ouvrez les yeux et découvrez quelle méthode est écrite sur cette feuille.

Une fois que la méthode sera choisie, vous pourrez faire de même avec «qui». Par exemple, si vous avez choisi l'hypnose, sélectionnez cinq personnes, l'une dont vous aurez trouvé le nom sur Internet, une autre parce que son cabinet est en face de votre bureau, une troisième parce que votre sœur la connaît, etc.

Avec cette façon de choisir, l'erreur n'est pas possible. Votre moi profond, vos énergies, savent exactement ce qui est juste pour vous. Votre mental, privé de sa voix puisque vous aurez les yeux fermés, laissera votre part «qui sait» s'exprimer. Vous verrez, rien de magique à cela : nous sommes de la matière, de l'énergie, comme tout ce qui nous entoure. Et les feuilles contiennent elles aussi les énergies propres aux mots par lesquels vous les avez définies. Quand vous posez les pieds dessus, vous pouvez donc littéralement ressentir si ce qui est noté est en accord avec vos énergies à vous, ou pas. Tout cela fonctionne sur le même principe que ces fameuses sensations qui vous poussent à dire «je le sens mal» ou «je le sens bien» !

Une fois ces deux étapes passées, vous saurez, en confiance, avec qui et comment entamer votre chemin d'évolution ou de guérison.

Rencontrer « en ligne » de la bonne manière

Voici, sous forme de liste, les questions et les actions nécessaires pour chercher l'amour en ligne avec les meilleures chances de réussite !

POURQUOI :

- Suis-je à l'aise avec l'idée de m'inscrire ? Est-ce que je l'assume ?
- Suis-je dans le bon état d'esprit pour cela ? En l'occurrence, ce serait ne pas attendre un miracle, mais ne pas craindre le pire non plus...
- Suis-je prêt à être honnête et authentique ?

OÙ :

- Une appli, plus un site, dans l'idéal ; pas plus, pas moins : c'est le bon équilibre.
- Choisis en fonction de ma personnalité, et non des conseils des amis, qui ne sont pas moi...
- Avec un abonnement premium si possible : on joue le jeu.
- Je fixe toujours mes rendez-vous dans des lieux publics et je préviens un ami de mes entrevues.

QUAND :

- Je consulte le site et l'appli, pas plus de trois jours par semaine, sinon c'est chronophage et énergivore. Faire une rencontre n'est pas un travail à temps plein.
- Je rencontre dès que le *feeling* passe, mais je n'attends pas plus de dix jours. Internet est un moyen, pas une fin.

- Je m'arrête quand et si je sens que ça ne m'apporte rien et que je commence à me démoraliser.

COMMENT :

- Je rédige une annonce dans laquelle je ne fais pas une liste de courses, ni un inventaire de mes qualités.
- J'adapte mon ton à ma personnalité, selon que je me perçois comme drôle, romantique, intellectuel...
- Je ne fais pas de fautes d'orthographe.
- Je mets une photo portrait, une en pied, et une *life style.*
- Je reste naturel, de toute manière, il revient au galop.
- Je ne mens pas !

PRÊT ?

- Est-ce qu'en regardant mon profil j'ai envie de **me** rencontrer ?
- Je n'oublie pas que tout cela doit rester bienveillant et plaisant !
- Je reste bien éduqué, un ordinateur n'est pas un bouclier à bonnes manières.

Je vous souhaite de belles rencontres !

Poème qui aime

Quelques vers, un peu de magie, un brin de lumière, pour une femme qui est née deux fois.

Yeux dans les yeux, regarde-les,
Ces opinions prêtes à servir,
Ces intouchables points de mire !
Et ne te laisse pas assujettir !

Je vous invite à découvrir « Naissance », le magnifique poème d'Esther Granek dont ces vers sont extraits (*Synthèses*, 2009).

MES BELLES RENCONTRES

Le miroir de l'âme

Durant de très longues années, je suis passée devant les miroirs, sans m'y voir. En fait, ce n'est pas tout à fait juste. Je voyais bien le reflet de quelqu'un. Mais ce quelqu'un, ce n'était pas moi. Je voyais un visage, des traits et des expressions, qui faisaient naître à chaque fois, vraiment à chaque fois, ces mots dans ma tête : « Qui est cette personne qui a cette apparence ? »

Les mauvais jours, s'ajoutait ce mot : « Menteuse. » D'aucuns appelleraient ça un trouble identitaire. Moi, j'appelle ça : le vide de soi.

Il m'a fallu encore de nombreuses années avant de vivre la véritable rencontre, l'incarnation, l'acceptation de « moi m'aime »... Et heureusement pour moi, ce n'est que ce jour-là que j'ai réalisé et ressenti l'ampleur de la douleur que le vide de soi provoque.

La honte, la peur, la peine, la culpabilité.

Jusque-là, je croyais qu'il était presque normal, du moins commun, de ne pas se trouver, dans son propre reflet. La première fois que je me suis vue, mais surtout, reconnue, à l'instar d'Anna, avec la même lucidité que celle qui est conseillée dans le poème que vous venez de lire, je suis (re)venue au monde.

Depuis lors, presque chacune de mes méditations est accompagnée ou suivie d'un échange de regards, entre moi et... moi. Le plus important des regards que l'on puisse poser, au cours d'une vie...

Ces pages sont les vôtres

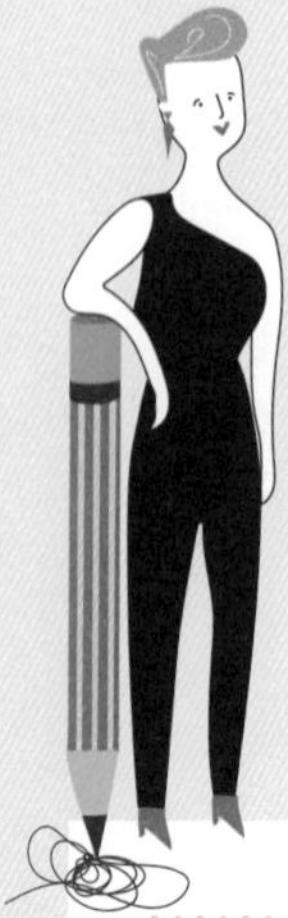

Et si vous profitiez de ces quelques pages pour coucher tous les mots qui vous viennent à l'esprit, pour parler de vous ? Et si vous les transformiez en annonce pour site ou appli de rencontre ?
Entraînez-vous, acceptez que cela soit difficile ou bizarre, ou encore émouvant.
C'est un exercice qui vous apportera deux bien belles choses : vous irez à la rencontre de vous-même et donnerez à l'autre de quoi vous rencontrer...

MON ANNONCE LOVE

PSEUDO :

ÂGE :

JE RECHERCHE :

PRÉSENTATION :

CENTRES D'INTÉRÊT :

CE QUE J'ATTENDS D'UNE RELATION :

CHAPITRE III

Une HISTOIRE de LIBÉRATION

« Je me suis surprise à avoir le cœur qui battait avant chaque séance, moi qui étais une frigide du palpitant avec celui qui partageait ma vie. »

Kristen

Accepter que la souffrance que l'on ressent n'est pas méritée. Qu'elle ne nous appartient pas. Déculpabiliser. Arrêter de trouver des «excuses» aux autres. Poser ses limites, dire «stop».

Pour se libérer de la tyrannie d'une relation toxique, il faut du temps, mais surtout de la tolérance, envers soi-même... Puis, enfin, il faut saisir les mains qui se tendent, car il y en a toujours...

C'est ce dont témoigne Kristen, qui s'est sauvée, en acceptant de l'être.

Parce que Kristen le souhaite, parce que c'est souhaitable, parce que c'est souhaité... Voici l'histoire de Kristen, par elle-même.

***Make You Feel My Love* – Adele :** cette musique m'a accompagnée dans l'écriture de ce chapitre. Et si elle accompagnait votre lecture ?

UNE HISTOIRE DE LIBÉRATION

KRISTEN ET GUILLAUME

Je ne cherchais pas l'amour. Lui, il rêvait de retrouver le sien.

Quand, quinze ans plus tôt, mon mari m'a recrutée pour lui donner des cours d'espagnol, ni l'un ni l'autre ne nous attendions à tomber sur l'amour. Née en Espagne, petite-fille d'une grand-mère vénézuélienne, j'étais faite pour ce boulot. J'avais besoin d'un job d'été. Lui, il cherchait quelqu'un pour lui apprendre l'espagnol afin de retrouver son ex, partie au Venezuela. Il va de soi que j'ai rempli ma mission. Et, comme prévu, il est parti en Amérique du Sud. Mais... il est revenu. Et ça fait quinze ans que nous sommes ensemble.

L'année de notre rencontre, j'étais dans une situation compliquée. J'étais en couple avec un homme violent. Un homme dont je n'étais pas amoureuse.

Je n'ai pas eu une enfance facile ni un modèle familial très sain. Dès que j'ai été en âge de faire mes propres choix, je me suis mise en couple avec un homme – appelons-le Lucien –, parce que mon unique souhait c'était de rester loin de la maison qui m'a vue grandir. Alors, même si Lucien me battait, je l'acceptais. Avec mon corps, je lui offrais un punching-ball humain. Lui, il me donnait un toit. Je n'avais pas de repères. Pour moi, c'était normal. C'était un marché acceptable. Je ne savais pas que les hommes pouvaient être différents.

Pour

RÉALISER

une CHOSE

VRAIMENT

EXTRAORDINAIRE

COMMENCEZ

par la

RÊVER.

WALT DISNEY

Mon futur mari – appelons-le Guillaume – peinait à se remettre d'une histoire d'amour aussi intense qu'éphémère. Son ex était partie au Venezuela en mettant fin à leur idylle. Lui, il voulait la retrouver et il était prêt à remuer ciel et terre pour elle. Je me souviens avoir trouvé cette tentative pour la reconquérir étonnante, lorsqu'il m'a expliqué pourquoi il cherchait à apprendre ma langue maternelle.

Je suis donc arrivée chez lui pour lui offrir les moyens de la retrouver. Dès le premier jour, sa beauté m'a frappée. Je n'avais pas l'habitude de faire attention au physique des hommes, parce que je ne voyais en eux qu'un moyen d'échapper à mes parents. Mais lui, je l'ai regardé, je l'avoue.

Les deux premières semaines de cours ont été... d'un ennui profond. Je faisais mon job les yeux rivés sur mes livres, j'écoutais ses réponses en prêtant uniquement attention à la grammaire et au vocabulaire, et je rentrais chez Lucien, toujours avec la peur au ventre. La peur qu'il me frappe pour un œuf mal cuit, ou parce que la voiture serait tombée en panne. La peur qu'il me mette dehors, la peur de ne plus avoir de toit.

Au bout de ces deux semaines, les choses ont commencé à changer pour moi. Je suis allée donner mon cours les yeux rouges comme ceux d'un lapin albinos, le nez humide. Je n'arrêtais pas d'éternuer ! La saison des pollens battait son plein. Mes allergies aussi. J'essayais de faire cours tout en luttant pour ne pas avoir l'air d'une extraterrestre quand, soudain, Guillaume s'est levé. J'ai sursauté, parce que je ne savais pas ce qu'il allait me faire. En silence, il a traversé la pièce pour prendre une poubelle et une boîte de mouchoirs, et il a tout posé à côté de moi sans un mot, mais avec un sourire bienveillant. Ce jour-là, je me suis dit que les hommes pouvaient être attentionnés. Et j'ai commencé à regarder mon «élève» autrement. C'est à partir de cet instant que j'ai fait plus attention à ses gestes, à ses paroles... Mais, tout en restant subjuguée, je restais sur mes gardes. Je ne voulais pas perdre mon frêle équilibre et j'avais peur des hommes.

Une semaine durant, nous nous sommes rapprochés. Je choisissais des textes plus en rapport avec ses goûts, avec ses centres d'intérêt et je l'écoutais parler. J'étais abasourdie d'être assise face à quelqu'un d'aussi ouvert, quelqu'un qui s'intéressait à tant de choses. Nous parlions, tout simplement. De tout : des étoiles, de la politique sud-américaine, de l'extinction des dinosaures ou de la robotique. Peu importait le sujet que je choisissais, il avait l'art de le rendre captivant ! Et ça me faisait un bien fou de boire ses paroles, et d'être écoutée à mon tour. Mais plus je prenais du plaisir à donner ces cours, plus il m'était difficile de supporter ma vie avec Lucien et le marché sur lequel elle reposait.

Un soir, alors que nous arrivions à la fin de la période de cours, j'ai reçu un mail. Ça arrive à tout le monde, sauf que celui-ci a changé ma vie. Guillaume m'a fait sa déclaration par le biais d'un courrier électronique, mais, croyez-moi, cet homme de vingt-cinq ans était loin d'être un adolescent boutonneux dénué de romantisme. Plus tard, j'ai appris qu'il avait simplement eu peur que je prenne la fuite, car il avait compris que j'étais extrêmement craintive. Il voulait simplement me laisser le temps de digérer la nouvelle. Lucien étant absent, j'ai appelé ma meilleure amie à la rescousse. Elle n'était au courant de rien, Lucien savait où

frapper pour que ça ne se voie pas, et moi, je ne montrais jamais que mes bras et mon visage, quelle que soit la température. Personne dans mon entourage ne savait, sinon mon *deal* serait tombé à l'eau.

Elle m'a simplement conseillé de faire ce qui me rendait heureuse, sans me juger. Alors, le lendemain, je suis allée voir Guillaume et je lui ai dit que je l'aimais aussi. Mais je lui ai fait savoir que ma situation était compliquée, car je vivais avec un autre. Je ne suis toutefois pas rentrée dans les détails, parce que je ne voulais pas qu'il ait pitié de moi. Je lui ai dit que pour lui j'étais prête à quitter Lucien, quelles que soient les conséquences que j'aurais à subir.

Il l'a mal pris. Il m'a dit qu'il ne savait plus quel genre de femme j'étais. Quatre jours plus tard, il s'envolait pour retrouver son ex. Moi, cette histoire m'avait changée à jamais. Je ne pouvais plus revenir auprès de Lucien. J'avais enfin pris la décision de me prendre en main, de chercher une vraie issue de secours, de me respecter. Alors j'ai tout dévoilé à mon ex. Et j'ai trouvé un toit : celui de ma chambre d'hôpital.

On m'a découverte agonisante et l'on m'a conduite aux urgences. Mes proches n'en revenaient pas que je leur aie caché tout ça, tout ce temps. Je suis restée hospitalisée durant sept jours. Sept jours pendant lesquels j'ai dû affronter mes propres démons.

Et, à la sortie, Guillaume était là. Ma meilleure amie avait réussi à le contacter alors qu'il était au Venezuela, et il est rentré pour moi. Pour nous. Je l'avais laissé partir et je n'ai pas le moindre regret.

Quinze ans plus tard, nous sommes toujours amoureux. De deux cœurs, nous sommes passés à quatre. Cinq, si l'on compte Manalipa, le chat. Moi qui ne croyais pas à l'amour, je suis devenue auteure de romances. Parce que c'était une si belle découverte qu'il fallait que je la partage avec mes lecteurs !

Ma force, c'est d'avoir vécu l'enfer. C'est grâce à ça que je sais que le paradis existe. Et le paradis, ce n'est pas une autre personne, c'est vous. Trouvez qui vous êtes réellement, affranchissez-vous, et alors vous le trouverez, votre paradis. Ce n'est qu'à partir du moment où l'on commence à s'aimer soi-même, à se respecter et à s'accepter en tant que personne, que l'on peut être aimé.

Kristen Rivers

MON REGARD SUR UNE HISTOIRE

Mon regard sur cette histoire est mouillé par quelques larmes. Des larmes de tristesse oui, mais aussi de joie... Je reçois tellement de femmes et d'hommes emprisonnés dans des situations similaires... Beaucoup trop ! La violence, qu'elle soit physique ou morale, lorsqu'elle est commise par la personne que l'on aime et qui est supposée elle aussi nous aimer, cette violence est la pire, parce qu'elle est perverse...

La première relation de Kristen dit aussi que l'amour fait mal. Elle fait croire que l'on mérite cela, puisque celui ou celle qui nous aime, le dit. Elle fait croire que cette violence est normale, voire qu'elle est pour notre bien. Elle fait honte. Elle fait culpabiliser. Elle terrifie. Elle brise.

Kristen a choisi de mettre fin à la violence, ce qui lui a valu de frôler la mort. Mais elle mourait à petit feu, alors quoi qu'elle fasse...

Et puis sa première relation a fait mûrir la jeune femme, qui l'explique très bien. En effet, après avoir tant souffert, après avoir vécu sans pratiquement rien ressentir, elle qui avait vu autour d'elle et dans sa propre vie tant de choses qu'elle qualifie de « moches », elle est devenue quelqu'un de passionné, a laissé entrer dans son cœur des sentiments très intenses. Sans compter qu'elle a gagné une capacité salvatrice à relativiser. Ce recul lui permet de mesurer la chance qu'elle a aujourd'hui ; car Kristen parle davantage de « chance » que de « sagesse », en amour : elle pense devoir une fière chandelle au hasard, qu'elle a su mettre à profit.

C'est parce qu'il y a la chance, et la capacité à la saisir, que cette rencontre peut être qualifiée de sauvetage à quatre mains. Notre jeune auteure a été sauvée par elle-même autant qu'elle l'a été par Guillaume. Ce dernier, par sa gentillesse, sa douceur, son humour et le fait qu'il ait vu en elle son égale, lui a montré le chemin vers la sortie. Étincelle ou coup de foudre éblouissant, il l'a tirée de la cécité absolue dans laquelle elle vivait jusqu'alors. Il a tout changé en lui montrant qu'un autre monde était possible, commente-t-elle, un monde loin des sables mouvants dans lesquels elle pataugeait. Un monde fondé sur le respect.

D'un autre côté, on dit qu'il n'y a pas pire aveugle que celui qui ne veut pas voir. Il fallait donc que Kristen soit prête...

C'est pourquoi je n'enjoins jamais aux personnes maltraitées (oui, c'est comme cela qu'on les nomme) d'agir si elles ne sont pas déjà décidées à se lancer dans une telle démarche. Cela peut choquer, j'en suis consciente, mais je m'abstiens, car je sais que cette décision ne peut être prise par personne d'autre que par la victime elle-même.

Accompagner, écouter, soutenir : oui. Convaincre, forcer, manipuler : non.

Kristen est de mon avis et donne ce conseil à celle ou celui qui se trouverait dans la situation qu'elle a connue : « Demandez de l'aide ! » Il faut d'abord prendre conscience que le marché sur lequel repose ce genre de relations perverses est biaisé et n'a rien de normal ; on ne mérite jamais de subir cela. « Ne vous faites pas ça », prévient-elle, persuadée que ceux qu'on aime et qui nous aiment nous feront voir qu'on ne vit pas une histoire d'amour, mais

Ce que

NOUS SOMMES

EST LE RÉSULTAT

de ce que

NOUS AVONS

PENSÉ.

BOUDDHA

de la maltraitance. Et rien n'est plus difficile que de poser ce mot sur sa propre histoire ; c'est pourtant la première étape, une marche nécessaire dans le long parcours vers la renaissance.

« Ne laissez pas vos bourreaux l'emporter », conseille-t-elle encore, signalant qu'on peut aussi en appeler à la police, aux associations, à d'autres victimes, pour ne pas compter parmi ceux qui ne se relèvent pas...

Lorsque j'interroge Kristen sur les facteurs qui lui ont permis de passer des mains d'un bourreau aux bras d'un sauveur, elle avoue franchement ne pas savoir ce qui l'a aidée à franchir ce cap pourtant si important. Elle en est certaine, elle n'avait aucune conscience, coincée dans sa première relation, de vivre l'insoutenable, de tolérer l'inacceptable. Guillaume lui a en quelque sorte ouvert la fenêtre, il a fait entrer la lumière du soleil à flots. Mais même avec le recul elle explique mal ce qui a rendu cela possible : sans doute était-elle prête à sortir de sa cage. Aucun signe précurseur n'était venu lui mettre la puce à l'oreille. Peut-être est-ce tout simplement que l'amour lui a ouvert les yeux et donné la force de sauter dans le vide sans parachute ?

Car oui, il faut du temps, pour accepter de ne plus accepter l'inacceptable. Il faut de l'amour, pour réparer et renaître, beaucoup d'amour, l'amour de soi, puis de l'autre, quand il est temps...

Perspectives d'évolution

GUÉRIR POUR RENAÎTRE, APRÈS UNE RELATION TOXIQUE

Apaiser ses plaies, panser ses blessures, réparer son cœur... De la même manière qu'une fracture demande des soins, du repos, puis de la rééducation, une relation toxique nécessite des soins. Parce que, avant de recommencer à marcher, il faut réparer et consolider. Parce que, avant d'aimer de nouveau, il faut guérir et retrouver confiance.

Voici donc l'une des voies possibles vers votre renaissance.

- **Évacuer :** Acceptez que cela soit douloureux, injuste, incompréhensible, effrayant... Accueillez et laissez s'exprimer toutes les émotions qui se présentent. Elles sont autant de messages qui viennent vous aider à évacuer ce qui n'est pas bon pour vous... Plus vous les écoutez, plus elles se font douces et salvatrices. Plus vous les ignorez, plus elles sont fortes et destructrices.
- **Trancher :** Décidez d'une date, celle qui vous convient, et faites-en la date de la fin du lien qui persiste. Jetez les souvenirs, coupez les contacts et les réseaux (tous),

détruisez les photos, demandez à votre entourage de ne plus vous parler de cette relation, ni de cette personne. Par ce biais, vous reprenez le pouvoir sur votre vie et le contrôle de vous-même, ce que l'autre vous avait volé.

- **Purifier :** Si vous avez la possibilité de nager dans la mer, allez vous immerger entièrement, en posant l'intention qu'elle vous lave des énergies toxiques. Si vous avez une baignoire, vous pouvez faire de même en ajoutant à un bain 500 g de gros sel, 250 g de bicarbonate de soude et 30 gouttes d'huile de lavande fine. Si vous n'avez ni la mer ni une baignoire, achetez de la sauge à brûler et diffusez-la tout autour de vous.
- **Nourrir :** Votre corps a besoin de nourriture physique, votre cœur et votre esprit ont besoin de nourriture spirituelle pour reprendre des forces. Marchez dans la forêt, écoutez de la musique classique (je conseille Mozart), allongez-vous dans l'herbe et regardez le ciel, tendez la main à une personne qui en a besoin, découvrez un nouveau lieu, dessinez, dansez, voyagez...
- **Reposer :** Accordez-vous le temps nécessaire à la résilience, accordez-vous de la douceur, de la tolérance et de l'amour.

Si vous hésitez à mettre tout cela en place pour votre bien-être, demandez-vous si vous le feriez pour un ami en souffrance... Si la réponse est oui, faites-le pour vous : après tout, vous êtes votre premier ami...

TRANSFORMER LES OBSTACLES EN CHANCES

Il y a deux citations que j'utilise presque quotidiennement et que j'ai partagées avec vous dans mon premier ouvrage. La première est de Nelson Mandela et dit : **« Je ne perds jamais : soit je gagne, soit j'apprends. »**

La seconde est un proverbe, qui dit : **« Ton chemin sera parsemé de pierres. Tu peux décider d'en faire des murs, ou des ponts. »**

Kristen a choisi, tel le nénuphar qui prend racine dans la boue et éclot plus tard en une parfaite fleur blanche, de faire de la lumière avec de l'obscurité.

Voici le processus qui permet la transformation, pour vous qui préférez aussi, peut-être, admirer l'arc-en-ciel, plutôt que haïr la pluie.

« La carte n'est pas le territoire » : cette citation que j'aime aussi à répéter signifie que la carte, qui est une représentation sur papier d'un territoire, n'est pas ce territoire. Lorsqu'on étend cette vérité à la vie, on ne peut plus regarder les événements qui nous touchent de la même manière, puisqu'on comprend que notre perception de la réalité n'est pas tout à fait la réalité, mais bien plutôt une « vue de notre esprit », une image subjective.

Prenons un exemple : en vous promenant dans la rue, vous assistez à un accident de voiture. Il y a un blessé léger. Quelle est votre réaction ? À présent, imaginez que neuf autres personnes que vous assistent à la même scène : quelles seront leurs réactions ? Chaque individu regarde et appréhende le monde avec son propre filtre, et, face à un même événement, nous réagissons tous différemment.

C'est là un pilier de la transformation de votre expérience négative en conséquence positive. Car sachez-le bien : vous êtes seul décideur de votre réaction et des actions qui en découlent. Vous pouvez choisir le mur, ou le pont.

Prenez une feuille et un stylo, décrivez votre expérience négative, de manière neutre et objective, en restant factuel, et sans juger. Laissez cette feuille « reposer » et réajustez-la jusqu'à ce que vous estimiez que votre récit est «juste», sans interprétation ni subjectivité.

Lorsque ce sera le cas, prenez cette feuille et allez vous asseoir dans un lieu qui vous porte, vous inspire, vous apaise. Fermez les yeux, la feuille entre vos mains, et imaginez quelle belle fleur pourrait pousser, si vous plantiez votre expérience...

Chassez votre mental, s'il se présente avec du négatif, laissez votre cœur parler. Par exemple, si vous avez subi l'humiliation et la tyrannie, dans votre relation, vous pouvez partir de ce fait et utiliser votre expérience pour vous engager auprès d'une association qui vient en aide aux jeunes victimes de harcèlement scolaire.

Quoi que vous choisissiez, si c'est avec le cœur, et l'intention de mettre de la lumière, cela sera juste. Vous en sortirez grandi, plus sage, et guéri.

Liberté

Prenez du soleil
Dans le creux des mains,
Un peu de soleil
Et partez au loin !
Partez dans le vent,
Suivez votre rêve ;
Partez à l'instant,
La jeunesse est brève !
Il est des chemins
Inconnus des hommes,
Il est des chemins
Si aériens !
Ne regrettez pas
Ce que vous quittez.
Regardez, là-bas,
L'horizon briller.
Loin, toujours plus loin,
Partez en chantant !
Le monde appartient
À ceux qui n'ont rien.

Maurice Carême

MES BELLES RENCONTRES

Lorsque je suis tombée enceinte de mon fils, ma gynécologue m'a informée des risques avérés de baby-blues. Elle savait que j'avais déjà longuement travaillé sur les souffrances de mon enfance, mais elle savait aussi que mettre au monde son premier enfant pouvait être un bouleversement psychologique, qui viendrait appuyer sur les vieilles cicatrices...

Elle ne croyait pas si bien dire. Deux jours après avoir donné naissance à mon fils, ma merveille, j'ai sombré dans une dépression post-partum qui allait durer un an et demi... Un an et demi de cauchemars et de douleurs. La naissance de mon fils avait révélé d'insupportables angoisses. Je ne dormais pas, je ne sortais pas, je ne vivais plus. Je passais mes journées et mes nuits à l'écouter respirer, à me demander s'il avait assez chaud, à chercher les couches les plus bio, à lire tout et n'importe quoi sur Internet...

Autant de manies, autant de bonnes intentions. Je voulais être la meilleure possible. Mais pas dans la version « normale » de la plupart des mamans. Non, dans la version obsessionnelle. J'étais terrorisée à l'idée qu'Axel aille mal, mais aussi à la pensée de ne plus avoir le droit de vivre un autre rôle que celui de maman.

Après mon rendez-vous avec ma gynécologue, j'avais contacté, sur son conseil, le Dr Alvarez, spécialiste de l'enfance et de la parentalité, qui travaillait notamment à Necker. La première fois que je l'ai vu, j'étais enceinte de six mois, et la tempête n'avait pas encore soufflé.

Je me souviendrai toujours du jour où, dans ma chambre, à la maternité, profondément épuisée, apeurée et triste, j'ai entendu deux coups discrets frappés à la porte. Une seconde plus tard, je voyais le visage bienveillant du Dr Alvarez apparaître... Il était venu nous voir, et me dire qu'il était là. Ce geste a tout changé, et après une année et demie de son soutien inébranlable, même dans les moments où je voulais tout arrêter, le 13 décembre (jour de la Sainte-Lucie), j'ai guéri... D'un coup, comme c'était arrivé, j'ai arrêté de souffrir et j'ai repris mon souffle, après une trop longue apnée.

Ces pages sont les vôtres

Si vous avez vécu une relation toxique, je vous propose d'utiliser ces pages pour noter tout ce qui a changé dans votre vie et en vous, pendant, et après. Ne tenez pas compte des notions de « bon » et de « mauvais ». Écrivez simplement les choses comme elles viennent. Quelque temps après, pendant un moment de calme, observez ces changements, sans les juger. Enfin, essayez de déterminer les changements qui méritent d'être conservés. Car, parfois, c'est de l'obscurité que naît la lumière... Quant à ce qui ne vous est plus utile, jetez-le...

AVANT ....

....

....

PENDANT ....

....

....

APRÈS ....

....

....

AVANT ....

....

....

PENDANT ....

....

....

APRÈS ....

....

....

AVANT ....

....

....

PENDANT ....

....

....

APRÈS ....

....

....

AVANT

PENDANT

APRÈS

AVANT

PENDANT

APRÈS

AVANT

PENDANT

APRÈS

AVANT

PENDANT

APRÈS

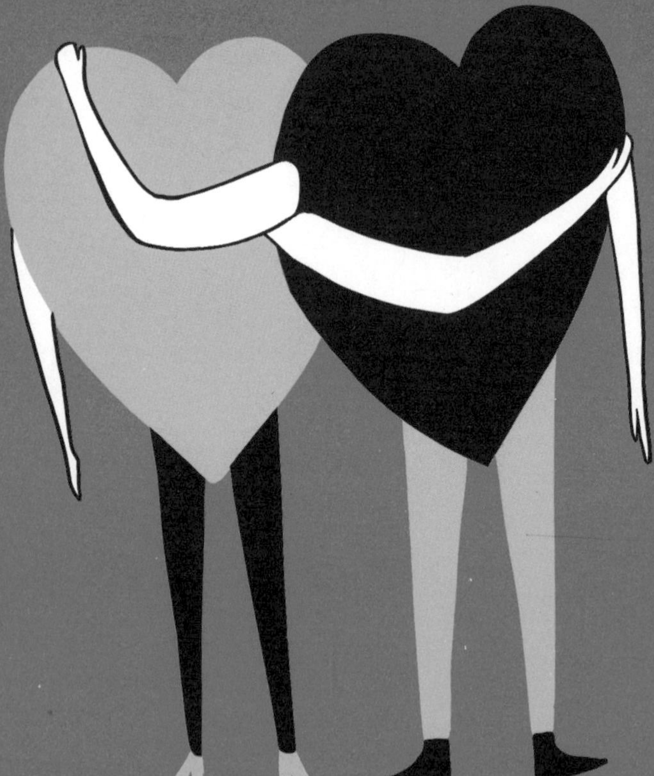

CHAPITRE IV

Une HISTOIRE d'HUMAINS

« Rien n'était fait pour que nous finissions ensemble... Et pourtant il a adoré mon côté décalé, ce côté « pas comme les autres ». »

Morgane

Parce que l'amour n'a pas de genre.
Parce que l'amour n'a pas de sexe.
Parce que l'amour n'a pas d'apparence.
Que ce sont leurs cœurs qui font des humains ce qu'ils sont...

Voici l'histoire de Morgane, qui a su aimer et se laisser aimer là où son cœur l'emportait.

The Story – **Brandi Carlile :**
cette musique a accompagné
mon écriture durant ce chapitre,
et si elle accompagnait votre lecture ?

UNE HISTOIRE D'HUMAINS

MORGANE ET ANTHONY

Depuis ses quatorze ans, Morgane sait qu'elle est une femme qui aime les femmes. Elle en est sûre. En tout cas, les hommes, c'est : «Jamais, au grand jamais !»... Mais l'histoire que je vais vous raconter ici va bouleverser toutes ses certitudes.

Elle commence le 30 janvier 2016, alors que Morgane a vingt-trois ans. Ce jour-là, elle s'est laissé convaincre par sa grande sœur d'aller faire la fête dans une soirée hip-hop. Quelques mois plus tôt, la jeune fille s'est libérée d'une relation toxique avec une femme, relation qu'elle subissait depuis plus de quatre ans. Cette sortie entre filles, c'est la bouffée d'oxygène dont elle a besoin pour reprendre le chemin de sa vie et clore le chapitre précédent.

Morgane, les cheveux courts et blonds, le bras droit tatoué à l'effigie de la «petite sirène» revisitée – car, vous le verrez, Morgane a sa propre idée sur ce personnage de dessin animé ! – et le corps revêtu d'un combi-short en jean sur crop top et collants noirs, se lance, persuadée que son apparence annonce la couleur : j'aime les femmes !

Mais sa sœur, à peine arrivée, se rapproche d'un homme, lui-même accompagné de plusieurs amis. Notre jeune femme se sent exclue et reste en retrait : le groupe est exclusivement masculin. Toute à la soirée, son aînée la provoque, en lui lançant un maladroit : «Oh, allez ! Amuse-toi un peu ! On ne le dira à personne : pour une

L'on ne VOIT BIEN qu'avec le CŒUR, L'ESSENTIEL est INVISIBLE pour les YEUX.

ANTOINE DE SAINT-EXUPÉRY, *LE PETIT PRINCE*

fois, va avec un garçon !» Agacée, contrariée, se sentant incomprise, Morgane se défend et rétorque : «Ça va pas ou quoi ? J'ai pas du tout envie de rencontrer un garçon ! Tu sais bien que c'est pas mon truc !»

Mais comme, à vingt-trois ans, elle n'est plus une petite fille, elle décide de faire contre mauvaise fortune bon cœur : elle rejoint le groupe pour faire la fête. Après tout, c'est pour ça qu'elle est venue, non ?

Lui s'appelle Anthony. Depuis le début de la soirée, il a remarqué cette jeune femme, et son tatouage. Lui-même adore Walt Disney. À son arrivée au sein du groupe, il s'empresse d'aller à sa rencontre. À cet instant, dans la tête de Morgane, c'est un véritable feu d'artifice. Qui est donc cet homme, doux, gentil, qui lui ressemble étonnamment et ne paraît pas être arrêté par son apparence, qu'elle imagine peu engageante pour un homme ?

Comme par magie, la sirène de son bras se coule alors en elle. Et cette jeune femme encore mal à l'aise quelques minutes auparavant se sent comme un poisson dans l'eau, se laissant porter dans un courant tiède, dans le flot des paroles enivrantes d'Anthony. Elle est sous le charme...

Pourtant, une fois la soirée terminée et cette parenthèse merveilleuse fermée, la raison reprend la barre et change rapidement le cap. Durant les jours qui suivent, Morgane est assaillie par les doutes et les questions : «Comment va-t-elle vivre la sexualité dans les bras d'un homme ?» «Comment sa famille réagira-t-elle à ce “deuxième *coming out*” ?»

Heureusement, la peur et les doutes sont submergés par une force bien plus grande : la connexion qui lie déjà cette femme et cet homme est telle que Morgane se laisse de nouveau porter par le courant de l'évidence...

S'ajoutent à cela la bonté, la compréhension et la douceur dont sait faire preuve Anthony. Avec patience et sincérité, il passe des jours à apaiser les peurs de la jeune femme... Il est à la fois un confident qui sait accueillir ses doutes, et un socle sur lequel elle peut se hisser pour voir plus loin. Autant de qualités qui le caractérisent profondément, et qui convaincront les parents de Morgane : pour eux, si cette rencontre est si belle, c'est justement parce qu'elle était improbable...

Une histoire improbable qui devient, trois ans plus tard, un merveilleux possible, sous les traits d'une petite fille, qui grandit aujourd'hui au creux de l'amour d'un homme et d'une femme, qui ont compris que :

« L'on ne voit bien qu'avec le cœur, l'essentiel est invisible pour les yeux » – Antoine de Saint-Exupéry, *Le Petit Prince*.

Morgane, qui se souvient de chaque instant de cette rencontre et de son histoire, chérit un souvenir en particulier : une photo d'elle et de sa sœur, prise quelques instants avant la soirée. Cette image lui rappelle avec tendresse qu'à ce moment-là, pleine de certitudes, elle ne se doutait pas qu'une rencontre les ferait voler en éclats...

MON REGARD SUR UNE HISTOIRE

Ce récit ne parle pas d'orientation sexuelle. Il parle d'amour. Il parle de ce sentiment unique, et qui se diffuse absolument, gratuitement, de manière inconditionnelle.

Morgane, à l'instar de Fanny et Nanie que j'ai eu le bonheur de présenter lors de la troisième saison de *La Villa des cœurs brisés*, a découvert à vingt-trois ans ce que je crois être une vérité maîtresse : l'amour n'a pas de genre. Et il s'agit bien d'une loi universelle, puisqu'en relisant le récit de sa rencontre, Morgane, qui pensait sincèrement qu'il y était question d'orientation sexuelle, a presque fondu en larmes, expliquant que mes mots retranscrivent exactement ce qu'elle a vécu. Elle est touchée au cœur.

Dans cette histoire, il est surtout question de fusion et de la rencontre de deux âmes qui se reconnaissent. Morgane et Anthony nous offrent une enthousiasmante occasion de penser et de regarder plus grand, plus large, plus loin.

Cependant, par le passé, la jeune femme a trébuché de nombreuses fois : elle a été confrontée à bien des obstacles sur son chemin. Ils étaient malheureusement ordinaires, de ceux que rencontrent les hommes et les femmes qui choisissent de vivre librement leurs élans. Et ils ont dessiné dans sa jeunesse un véritable parcours du combattant. En effet, elle se décrit, adolescente puis toute jeune femme, comme quelqu'un qui parlait peu, partageait encore moins et ne s'imposait jamais face aux autres. C'était eux, au contraire, qui lui imposaient tout !

Avec le recul, elle trouve qu'elle était « trop gentille » et explique que ce sont ses expériences, tant professionnelles qu'amoureuses ou amicales, qui ont fait d'elle ce qu'elle est devenue : une femme de caractère, qui sait ce qu'elle veut et ce qu'elle ne veut pas ! « Quand j'aime, j'aime vraiment, de tout mon cœur », confie-t-elle avec le sourire, avant de préciser : « Et quand je n'aime pas, je n'aime pas ! » Et puis, sa famille aussi a forgé son caractère de battante, car elle a été essentiellement élevée parmi des femmes. Elle a grandi dans un monde où ces dernières ne se laissent pas faire, ont conscience d'avoir des droits et la ferme intention de les faire valoir ; un monde où les hommes les respectent et partagent les tâches du quotidien.

Tout cela compose aujourd'hui une Morgane qui aime rire, sourit en permanence et se dit qu'il faut aimer la vie, la prendre comme elle vient, pour profiter de chaque instant. Mais cette Morgane-là s'est forgée à la force du poignet et n'a pas toujours été si solaire.

De fait, sans les juger ni l'un ni l'autre, on ne peut que s'interroger sur les réactions de son père et de sa sœur, et sur les échos qu'elles trouvent en Morgane. Le premier, depuis qu'elle a fait son *coming out*, déplore de ne pouvoir conduire sa fille à l'autel. Il le lui a dit lui-même : par son orientation sexuelle, il regrette qu'elle le « prive » ainsi d'un rêve. Quant à sa sœur, nous l'avons compris à travers les encouragements peu habiles qu'elle lui lance, elle semble penser que les attirances relèvent d'une décision raisonnable, de quelque chose qu'elle pourrait ou devrait orienter ou maîtriser.

Il n'y a pas de malveillance derrière de telles attitudes. Pourtant ces maladresses ont des effets insidieux et sournois sur l'image que ceux qui les subissent ont d'eux-mêmes, sur l'estime qu'ils ont pour eux et le sentiment de légitimité qui devrait les habiter.

C'est d'ailleurs de ce côté qu'il faut chercher l'explication de ce fameux tatouage que porte Morgane. La *petite sirène revisitée*, ainsi qu'elle l'appelle. Pourquoi « revisitée » ? Parce qu'il est unique, comme elle ! Et il la raconte. Elle l'a fait faire lorsqu'elle avait vingt et un ans, et on y voit une Ariel rebelle : tatouée et percée. On en compte peu de ce genre, des princesses de Disney, et c'est pour cela que Morgane se dit qu'un tel tatouage sur le bras d'une jeune fille ne peut que repousser. En fait, me confie-t-elle, Ariel est un peu à son image : elle est têtue et doit affronter son père, le défier pour mener sa vie comme elle l'entend. Cette relation père-fille, c'est celle qu'elle a eue avec son propre père, et dont elle garde ainsi la trace. Parce qu'à ses yeux, *La Petite Sirène*, c'est avant tout une histoire d'amour entre un père et sa fille.

Face à tant de détermination, devant de si grands efforts pour se construire, et lorsque j'écoute Morgane me raconter sa belle rencontre amoureuse, des questions ne manquent pas de surgir dans mon esprit. Pourquoi, lorsque l'on n'est pas hétérosexuel, doit-on «annoncer» ses choix sexuels ? Est-ce que les hétéros «avouent» un jour à leur entourage qu'ils sont hétéros, est-ce qu'ils font un *coming out* ? Et puis pourquoi devrait-on parler de sa sexualité, l'expliquer, ou pire, la justifier, alors qu'elle relève de l'intime et du privé ?

Ces situations sont tellement ancrées dans les esprits que Morgane pensait dès l'âge de quatorze ans qu'elle aimait les femmes, et c'est tout. Il n'y avait pas d'alternatives possibles. Le laisser-être et la spontanéité n'étaient pas envisagés, il fallait en quelque sorte «choisir son camp». Et, de la même façon, vous vous rappelez sans doute que Fanny était arrivée dans la *Villa 3* avec pour problématique : «Je ne sais pas si je suis hétéro ou homo» ; ce à quoi j'avais répondu qu'elle n'avait pas à choisir...

C'est que la société nous pousse à catégoriser, à identifier, à tel point que même ce qui relève du naturel et de la liberté doit être étiqueté, de façon définitive.

Morgane, en rencontrant Anthony, a été brutalement confrontée à cette question qui, au fond, ne devrait pas se poser : comment annoncer à son entourage, après lui avoir dit qu'elle aimait les femmes, qu'elle avait rencontré un homme ? Heureusement, dans le cas qui nous intéresse, la fin est heureuse. Parce que Anthony est un homme bien.

Un homme sur lequel elle a pu d'emblée compter : peu de garçons, elle en a conscience, auraient accepté comme il l'a fait d'avoir des rapports physiques avec une femme qui n'en aurait jamais eu qu'entre femmes et qui appréhendait donc ce moment censé être magique. Il a su lui laisser le temps, attendre qu'elle se sente prête ; il a réussi à se montrer doux et compréhensif, ne l'a jamais brusquée, mais a construit entre eux une belle confiance. Il s'en explique très clairement : lorsqu'il l'a su attirée par les femmes mais a constaté qu'elle restait avec lui, il s'est dit que, sans doute, c'était qu'il ne lui déplaisait pas et qu'il avait donc tout à gagner à essayer. « Finalement, quand j'y repense, il est le calme et la douceur qui apaisent mon fort caractère », conclut la jeune femme.

La fin est heureuse auprès de sa famille aussi, même si tout n'était pas gagné d'avance ! Si elle avait fait son *coming out* adolescente, c'est parce que Morgane savait qu'elle vivait dans un milieu où son homosexualité risquait d'être mal tolérée : elle voulait préparer le terrain. Et lorsqu'elle a annoncé qu'elle était amoureuse d'un garçon, ce sont les reproches qui ont commencé de pleuvoir : elle ne savait pas ce qu'elle voulait, ne cherchait qu'à s'amuser, avec les filles…

Forte de cette expérience qu'elle a accepté de partager avec nous, Morgane conseille de laisser de côté le physique pour ne s'interroger que sur ses sentiments, ses impressions, son intuition. Laisser de côté les a priori, c'est leur secret, à ces deux amoureux ! Et le sien, c'est de ne jamais considérer qu'elle aurait à se justifier.

Alors je souhaite à toutes celles et tous ceux qui lisent ces lignes et ont un jour douté de leur droit à être et à aimer sans réserve, de l'espoir et du courage. Mais surtout de la lumière.

Perspectives d'évolution

S'ÉCOUTER

> **Personne d'autre que vous ne sait et ne peut savoir mieux que vous qui vous êtes, et ce qui est juste pour vous.**

Il est essentiel pour l'avenir des enfants de leur apprendre à avoir ce que j'appelle « une hygiène psychologique ». Nos éducateurs, que ce soient nos parents ou nos enseignants, commencent tout juste à se familiariser avec cette idée, et la société occidentale elle-même n'est pas très avancée sur le chemin de la prise de conscience. On nous apprend à bien manger, à faire du sport, à dormir assez, à être propre. Mais on laisse de côté les apprentissages complémentaires et nécessaires à la construction saine de l'adulte en devenir : se connaître, s'aimer, gérer ses émotions, s'écouter, etc.

S'écouter, c'est tourner ses oreilles vers l'intérieur de soi.

Lorsque l'on est capable d'en faire une habitude, on devient un adulte qui vit en conscience et en phase avec lui-même. Dès lors, l'opinion des autres, les idées reçues et les pensées convenues continuent d'exister et de nous parvenir, mais sont reléguées au second plan. Elles passent après notre propre vérité. Elles ne nous font plus dévier de notre soi.

Voici une méthode d'auto-écoute que j'affectionne pour sa simplicité et sa lucidité.

Chaque jour, à chaque fois que vous poserez une question ou serez sensible à ceux qui vous entourent, faites de même pour vous...

Lorsque vous croisez un collègue et lui demandez : «Comment vas-tu?», posez-vous la même question. Vous retrouvez une amie et l'écoutez raconter sa journée ? Racontez-vous la vôtre. Votre frère ne semble pas dans son assiette, vous lui prêtez une oreille attentive et compatissante ? Soyez votre propre confident.

Cette manière de faire vous semble peut-être égocentrique ou farfelue à première vue. Mais je prends le pari que, lorsque vous y aurez goûté, vous vous demanderez comment vous faisiez autrement, jusque-là !

Et, si vous n'êtes toujours pas convaincu, voyez cette méthode sous un autre angle : après tout, vous êtes votre meilleur ami, agissez envers vous comme tel !

S'ASSUMER

> «S'accepter consciemment, s'admettre tel que l'on est» - Le Larousse. Cette définition pourrait tout aussi bien s'appliquer à l'amour véritable. Celui qui ne juge pas. Celui qui est inconditionnel.

Qui que vous soyez, et quels que soient vos caractéristiques physiques ou psychologiques, votre genre, vos orientations, vous assumer et vous aimer est possible. S'assumer, cela commence par l'étape de la connaissance et de l'écoute de soi, que vous pratiquez déjà, si vous avez entamé le travail proposé dans l'exercice ci-dessus.

Se connaître, être allé à sa propre rencontre, dans tout ce que l'on est, nos qualités comme ce que nous estimons être des défauts, est un tremplin surpuissant vers l'amour de soi.

Que vous soyez complexé, que l'on vous critique, que vous ayez honte de vous, que vous vous sentiez incapable, inexistant, ou déméritant... Que vous détestiez ce que vous voyez dans votre miroir, que vous jugiez sévèrement vos actes ou vos pensées. Que vous vous sentiez coupable, ou illégitime, aucun obstacle n'est plus fort que la volonté et le travail d'amour pour soi.

L'amour, n'a rien à voir – et cette phrase est essentielle – avec la réalité de celui que, ou de ce que vous êtes ! Rien ! L'amour est une chose gratuite, pure et inconditionnelle, qui se diffuse sans jugement.

Le meilleur des exemples est l'amour parental. Lorsque la situation est saine et les parents sereins, quel que soit l'enfant qui se présente, ils l'aiment ! Cet enfant n'a pourtant encore rien dit ou fait, et à ce stade ses parents ne savent pas s'il « mérite » leur amour, pourtant ils l'aiment ! Parce que, encore une fois, l'amour est inconditionnel ; il se moque de ce que vous êtes, de vos qualités, de vos erreurs, de votre passé, de vos pensées et du reste !

Alors, voici ce que je vous propose :

Durant les trois prochaines semaines, endormez-vous en vous prenant dans vos propres bras et bercez-vous comme un bébé. Diffusez-vous de l'amour, de la tendresse et de la bienveillance. Faites-le pour l'enfant intérieur qui vit en vous. Ne pensez pas à ce que vous êtes, à ce que vous « valez ». Soyez simplement dans un sentiment d'amour. Imaginez une bulle, une aura, une lumière douce et tiède autour de vous.

Sans doute mal à l'aise au départ, après quelques jours, vous trouverez ce moment d'une grande richesse.

S'assumer, c'est cela : s'aimer et s'accepter tel que l'on est. Alors, faites-le !

Poème qui aime

Voici quelques vers, d'un auteur inconnu, qui a compris le sens du terme "écouter"…

Écoute

Quand je te demande de m'écouter,
Et que tu te mets à me donner des conseils,
Tu ne fais pas ce que je te demande.
Quand je te demande de m'écouter,
Et que tu commences à me dire pourquoi je ne devrais pas me sentir comme ça,
Tu piétines mes sentiments.
Quand je te demande de m'écouter,
Et que tu sens que tu dois faire quelque chose pour résoudre mon problème,
Tu me trahis, aussi étrange que cela puisse paraître.
Écoute !
Tout ce que je te demande, c'est de m'écouter,
Pas de parler ni de faire, juste de m'entendre,
Je peux faire face, je ne suis pas incapable.
Peut-être découragé et fatigué,
Mais pas incapable.

Quand tu fais quelque chose pour moi que je peux
et dois faire pour moi-même,
Tu contribues à ma peur et à ma faiblesse.
Mais quand tu acceptes comme réalité ce que je ressens,
même si c'est irrationnel,
Alors je peux arrêter de chercher à te convaincre
Et continuer mon travail pour comprendre
Ce qui se cache derrière ce sentiment irrationnel.
Et, quand cela deviendra clair,
Les réponses seront évidentes,
Et je n'aurai besoin d'aucun conseil.

Auteur inconnu

MES BELLES RENCONTRES

Il y a plus de dix ans, je vivais dans le 17e arrondissement de Paris et je me rendais de temps en temps dans un club de sport de mon quartier. Cette période, un peu vague dans ma mémoire, me revient très clairement autour d'un souvenir en particulier.

Avec l'espoir (vain) de retrouver la souplesse que j'avais du temps de mes cours de danse classique, je m'étais inscrite à un cours type stretching. Comme à mon habitude, j'arrive quelques minutes avant le début du cours et m'installe à l'avant. Je me connais : c'est le meilleur moyen que j'ai trouvé pour censurer ma paresse, qui me pousse à ne faire les exercices que lorsque la coach me regarde...

Le cours commence. Je suis de bonne humeur, légère et détendue. Quelques minutes après, je sens sur ma nuque le regard de quelqu'un. Vous savez, ce sixième sens, qui nous indique que l'on est observé ?

Je me retourne discrètement et croise en effet les yeux d'une jeune femme, installée cinq ou six rangs derrière moi... Et voilà que je me mets à rougir ! Je me retourne de nouveau, gênée et très troublée par ma réaction.

Je profite du moment où la coach nous fait exécuter une posture les yeux fermés, pour tourner la tête de nouveau et observer la jeune femme qui semble sereine et paisible. Plus je la regarde et plus je me sens étrange. Comme moi un peu plus tôt, elle sent mes yeux sur elle, puisqu'elle ouvre les siens, qui se dirigent immédiatement sur moi.

Passent alors quelques secondes totalement irréelles, et que je mettrai plusieurs jours à expliquer. Nous nous regardons l'une et l'autre. Il n'y a aucun bruit dans la salle. Aucune de nous deux ne semble mal à l'aise ; le moment, au contraire, est «parfait». Aucune expression sur nos visages respectifs, pas de sourires, rien, juste deux regards, qui regardent vraiment.

Le cours se termine, et je rentre chez moi. Il ne me vient même pas à l'idée d'aller parler à mon inconnue, et il semble qu'elle n'en ressente pas le besoin non plus. Bouleversée, flottante, j'arrive chez moi, guidée jusqu'à ma porte uniquement par l'habitude du trajet.

À cette époque, je n'ai pas encore trente ans et je n'ai jamais été attirée que par des hommes. Aujourd'hui, j'approche de la quarantaine et je suis toujours attirée par les hommes. Mais ce jour-là, durant quelques minutes, c'est une femme qui m'a bouleversée et laissé un souvenir vif, unique.

Ces pages sont les vôtres

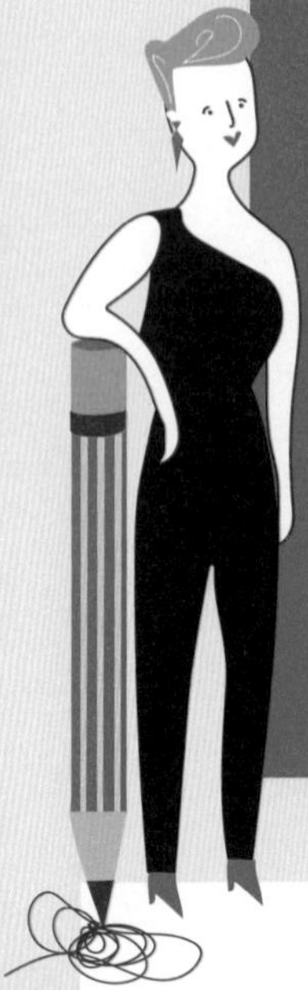

Je vous propose d'utiliser ces quelques lignes, qui vous sont dédiées, pour un jeu.
Fouillez votre mémoire, celle de votre vie et celle des films que vous avez vus, et repensez à toutes les personnes – réelles ou imaginaires – qui ont traversé votre existence. Retenez, sélectionnez le nom de dix d'entre elles. Les plus mémorables.
Et, face à leurs noms, notez toutes les raisons qui font que ces personnes ont laissé une trace particulière dans votre esprit.
Enfin, en toute transparence et avec la plus grande honnêteté, demandez-vous si ces hommes et ces femmes auraient pu être aimés de vous, au-delà des diktats de la société, ou de vos croyances.
Amusez-vous bien !

CHAPITRE V

Une HISTOIRE de PATIENCE

« Et puis un jour il me demanda de devenir sa petite amie. J'ai refusé. Il me l'a proposé à nouveau, à plusieurs reprises, et j'ai de nouveau refusé. Je ne le savais pas, et j'aurais été incapable de le dire, mais à cette période, le seul homme dont j'avais besoin dans ma vie, c'était mon père. »

Coralie

L'amour patient est noble, presque plus romantique que le coup de foudre.

Ma grand-mère me disait souvent : « Aimer, c'est facile. C'est aimer longtemps qui est difficile. » C'est que l'amour qui se construit au fil du temps a quelque chose de sage, que la passion du coup de foudre n'a pas. L'amour patient est un amour qui aime malgré le temps, malgré les difficultés, malgré les défauts. C'est un amour qui accepte.

À une époque où l'amour et les relations sentimentales se font et se défont à la vitesse de la fibre, essayons de faire l'éloge de la lenteur, cette vertu qui sait prendre le temps de connaître, et d'aimer ce qu'elle découvre au fil du temps.

Car l'amour qui sait attendre et persévérer guérit les cœurs, rien de moins...

***Come Away with Me* - Norah Jones :** cette musique a accompagné mon écriture durant ce chapitre, et si elle accompagnait votre lecture ?

UNE HISTOIRE DE PATIENCE

NICOLAS ET CORALIE

Dix ans. C'est le temps qu'il aura fallu à Coralie et Nicolas pour trouver le bon écrin à leur amour. Une décennie pour que le cœur de Nicolas, telle une boussole qui cherche le nord, se fixe sur celui de Coralie. Cent vingt mois pour que Coralie parvienne à laisser l'amour la toucher, la réparer.

Coralie et Nicolas grandissent à la Réunion, et c'est dans un abribus qu'ils échangent leurs premiers regards, leurs premiers mots, à quinze ans. Le lycée qu'ils fréquentent tous deux devient bientôt le théâtre de leur relation : en la côtoyant chaque jour, Nicolas finit par développer des sentiments amoureux pour Coralie qui, de son côté, ne lui porte qu'une grande tendresse amicale.

Au bout de quelques mois, prenant son courage à deux mains, Nicolas lui propose de «sortir ensemble». Mais au lieu de lui donner une réponse franche et enthousiaste, propre à l'emballement des premières amours, Coralie marque une hésitation, puis lâche un «pourquoi pas ?» plutôt tiède. Elle considère davantage le garçon comme son meilleur ami, son protecteur, celui qui est toujours auprès d'elle, dans la cour, pendant les jours de désœuvrement des vacances, dans les moments de solitude... Une présence silencieuse, mais rassurante. Naïvement, elle pense que cela peut suffire à construire une relation amoureuse.

Pour comprendre Coralie, il est essentiel de savoir qu'à cette époque, son père a quitté sa famille depuis un an.

Ce manque joue un rôle déterminant dans la relation qu'elle s'apprête à vivre avec Nicolas, et explique que ses sentiments soient encore fluctuants, et qu'ils vont évoluer pendant encore longtemps.

On serait tenté de faire un raccourci un peu facile entre l'absence du père et le consentement de Coralie à la proposition rassurante de Nicolas... Faisons-le ! Car le sentiment d'abandon de la jeune fille et son besoin de se rassurer et d'être aimée ont sans doute joué dans le choix de son ami comme amoureux. Toujours est-il que cette relation est à mille lieues de ce qu'on pourrait attendre du premier amour. Pas d'élan, pas d'évidence, beaucoup de doutes... Mais surtout, peu d'amour.

La suite est prévisible : comme Coralie ne lui rend pas son amour (en tout cas, pas à la hauteur du sien), Nicolas finit par tomber amoureux d'une autre lycéenne. En réalité, et sans qu'elle en ait conscience, Coralie le pousse à reproduire sa propre histoire familiale, celle de son père abandonnant sa mère, créant ainsi un vide impossible à combler[1].

Lorsqu'elle comprend qu'elle risque de le perdre, elle tente de le reconquérir, bien qu'elle ne soit toujours pas amoureuse de lui. Ils partagent alors leur première fois. Une étape importante pour Coralie, une expérience libératrice et qui l'émancipe de son passé et de sa famille. Un seuil qu'elle franchit dans les bras d'un homme qui la respecte et qui l'aime. Pourtant, cela ne suffit pas à pallier les manques, et ils se quittent. Une première page se tourne ici.

1. Je vous invite à (re)lire à ce sujet le chapitre sur les schémas de répétitions dans mon premier livre.

SOIS

TOI-MÊME

— tous les autres —

SONT DÉJÀ

PRIS.

OSCAR WILDE

Commence alors pour Coralie une phase destructrice. Elle se lance corps et âme dans les bras d'un homme qui fait d'elle un objet, et même pire : un défouloir. Ce passage de son histoire, si atroce soit-il, lui apporte un recul nécessaire et lui permet de poser un regard neuf sur elle-même, ses parents, son histoire et Nicolas. En effet, c'est lorsqu'on est à terre, lorsqu'on prend le temps de ressentir sa blessure et de l'analyser, qu'on parvient à mettre le passé en perspective. En s'efforçant d'établir des liens, de comparer les situations et d'observer la façon inattendue dont les faits se font écho, on s'offre un précieux cadeau : celui de la vérité. Ce n'est qu'en la regardant en face que l'on peut guérir en conscience, en reprenant les commandes de son avenir, sans entraves.

Cette relation malheureuse déclenche donc chez Coralie une prise de conscience majeure, qui lui offre l'occasion de se livrer à Nicolas. Car au bout de quelques années, les deux jeunes gens reprennent contact. Il lui offre une oreille attentive et une bienveillance propice à la guérison. Autant de qualités qu'elle apprécie alors à leur juste valeur, par contraste avec son compagnon du moment, et qui font battre son cœur... d'amour, cette fois.

Cependant, elle est toujours aux prises avec celui qui la maltraite. Elle voit simultanément les deux hommes, n'ayant pas officiellement quitté l'un, ni commencé de relation amoureuse avec l'autre. Petit à petit, le temps qui passe et la volonté de vivre mieux lui ouvrent les yeux sur le choix qu'elle doit faire : Nicolas. Seulement voilà, ce dernier est toujours en couple avec la jeune femme pour laquelle il l'avait quittée au lycée...

Mais au fur et à mesure que les semaines défilent, nos deux amoureux sont gagnés par une évidence. Ils s'aiment, ils sont faits l'un pour l'autre, ils veulent être l'un avec l'autre.

Coralie est la première à trouver le courage d'agir. Elle met fin à la relation tyrannique qu'elle subit, et retrouve sa liberté. Quelques jours après, c'est Nicolas qui met un point final à une histoire qui dure depuis sept ans. Il quitte tout pour rejoindre son premier amour. Il quitte sa région, la Réunion, décor de leur enfance. Il part rejoindre Coralie, qui étudie à Paris, pour vivre enfin l'histoire d'amour qu'il a toujours espérée.

Il leur faut un an encore pour trouver leurs marques, car Nicolas doit désormais aider Coralie à se reconstruire et à reprendre confiance. Aujourd'hui, deux ans après le début de ce nouveau chapitre, Coralie conclut : « Je ne me suis jamais sentie aussi vivante qu'avec lui. »

Il n'y a qu'un

REMÈDE

à l'AMOUR :

AIMER

DAVANTAGE.

HENRY DAVID THOREAU

MON REGARD SUR UNE HISTOIRE

C'est l'histoire d'un amour patient et guérisseur que vous venez de lire. Mais c'est aussi le récit d'un voyage, une fable qui fait réfléchir à la place que l'on se donne dans le monde. Lorsque je leur ai donné à lire ce résumé de leur histoire, Nicolas et Coralie ont apprécié de se sentir ainsi mis en perspective ; se voir sous un angle différent les a aidés à prendre conscience de certaines choses, pour continuer d'avancer. Pourtant, Nicolas m'a confié qu'il aurait aimé que j'en dise davantage sur leur vie actuelle. Je garderai le silence sur ce point : leur quotidien leur appartient, et ce qui à mes yeux est riche d'enseignement, ce qui pour nous donne matière à penser, ce n'est pas le point où ils sont arrivés, mais le parcours qui les y a conduits. Car, je le répète : leur histoire est celle d'un voyage.

Un voyage qui commence par un départ, celui du père de Coralie, départ qui bouleverse la vie de l'adolescente : sur son cœur se greffe alors la blessure de l'abandon. Et la blessure reste vive, puisque la jeune femme m'a avoué avoir pleuré, les trois premières fois qu'elle a lu les lignes que je lui consacre, émue par la «Coralie brisée» qu'elle retrouvait. La thématique de l'abandon est une question que je rencontre très fréquemment en séance...

Puis le voyage continue, et c'est un bus qui emmène Nicolas et Coralie vers une destination qu'ils n'atteindront que dix ans plus tard. Enfin, Coralie s'envole pour Paris ; et c'est la même traversée que fera Nicolas, des années plus tard, pour rejoindre celle qu'il aime, dans la ville des amoureux...

Chacune des étapes de ce voyage, aussi bien géographique qu'intérieur, offre à Coralie l'occasion de trouver sa place. Elle est une boule de billard, qui rebondit au gré des rencontres et des événements de son existence, jusqu'à estimer que c'est «là» qu'elle peut être elle-même.

Je parle souvent des «couples thérapeutiques» qui construisent selon moi des relations vouées à l'échec, puisque leur histoire repose sur des besoins dont on attend qu'ils soient comblés par l'autre. Mais il y a une différence notable entre un couple thérapeutique, dans lequel au moins un partenaire délègue à l'autre le soin de résoudre ses problèmes, et un «couple tremplin». Dans cette seconde configuration, chacun, parce qu'il le peut et le veut librement, donne l'élan à l'autre pour lui permettre d'évoluer encore plus loin que ce que laisse espérer le travail déjà accompli seul ; et cela grâce à l'amour et à la foi qu'il place en lui. C'est à cette seconde catégorie de couples qu'appartiennent Nicolas et Coralie.

Cette dernière le reconnaît volontiers : elle est encore en train de se construire et n'aime guère évoquer les moments difficiles, alors qu'elle « colmate toujours les fissures ». Et puis, elle sent parfois resurgir en elle l'enfant qu'elle a été ; elle a parfois du mal à accepter que Nicolas ait eu une relation avec une autre fille pendant leur adolescence. Il lui arrive quelquefois, confesse-t-elle, d'envoyer des piques à son conjoint à ce sujet... Mais il les balaie d'un revers de la main et répond toujours avec sérénité : aujourd'hui, il est en paix, bien où il est. Et Coralie a confiance en lui. Elle en est certaine, il ne l'abandonnera pas.

Quand ils se sont retrouvés, Coralie n'attendait rien de Nicolas. Elle avait largement entamé le travail qui devait

rendre possible son évolution personnelle. La solidité de leur amour n'est que la cerise sur le gâteau, ou plutôt de la montagne qu'a gravie la jeune femme de son propre chef. C'est ce travail personnel qui a rendu possible leur relation. Désormais, elle en est certaine, l'amour de son conjoint la sécurise et la pousse à devenir meilleure, tout en restant elle-même. Il l'a tant aidée qu'aujourd'hui, elle ne souhaite qu'une chose : être la belle jeune femme qu'il projette en elle.

Lorsqu'elle pose un regard sur leur relation, Coralie constate à quel point leur amour a évolué, à quel point ils ont tous deux grandi. Adolescente, elle n'était pas prête à recevoir ce que Nicolas avait à lui offrir. Elle a longtemps regretté ce que l'on pourrait qualifier de « mauvais timing ». Et puis, au moment où elle se pensait sur le point de tourner la page pour oublier cette blessure, voilà qu'ils se croisent à nouveau… Et voilà que, faisant fi de son obstination à elle, qui était bien décidée à l'ignorer, le jeune homme se montre tout aussi obstiné, bien décidé à la revoir. Pour Coralie, Nicolas et elle sont liés par ce fil rouge dont parlent les Japonais, ce fil invisible aux yeux, mais qui unit indissolublement les âmes sœurs…

Nicolas, grâce à sa force tranquille, a su souffler sur les angoisses de Coralie une brise apaisante. Sa voix est devenue pour la jeune femme une musique rassurante. Coralie, aujourd'hui plus sereine, est parfaitement consciente que la présence de Nicolas à ses côtés est un bien précieux. La durée, la persévérance et la solidité des sentiments qu'il a toujours eus pour elle, ont achevé de la guérir, quand enfin, elle a pu se laisser toucher.

Il aura fallu dix années à notre jeune femme pour être en mesure d'aimer et de se laisser aimer. Mais ces cent vingt mois n'auront pas été une perte de temps, bien au contraire. Sans ces précieuses années, ces mois de reconstruction, l'amour qui couvait et attendait son heure, tel un oisillon dans le nid, n'aurait pas vu le jour.

Aujourd'hui, nos tourtereaux ont bien grandi : ils n'ont aucun secret l'un pour l'autre, ils n'ont pas peur de se parler, de se dire les choses. Ces dix années d'attente ont construit une base solide pour leur union. Et le fait que chacun ait vu l'autre évoluer et changer les a aidés à se reconnaître.

Car, pour Nicolas, c'est d'abord cela qui distingue peut-être leur amour d'autres histoires : il est solide. Ils sont sincères, vrais l'un envers l'autre, et leurs sentiments les font s'accepter l'un l'autre comme ils sont. C'est là, à mon avis, ce qui explique la force de leur couple : chacun connaît le côté « pile » et le côté « face » de l'autre. Chacun accepte de se remettre en question pour faire évoluer son couple en même temps que lui-même.

Perspectives d'évolution

TROUVER SA PLACE

Je crois que pour chaque humain vivant sur cette planète, il existe une place qui lui est entièrement réservée. Deux empreintes de pied marquées dans le sol, qui ne peuvent accueillir que la personne à qui elles appartiennent. Encore faut-il les trouver.

Trouver sa place, c'est se sentir chez soi, légitime, juste. Les enfants qui ont bénéficié d'un amour et d'un accompagnement parental équilibrés n'ont à ce sujet que des certitudes, qu'ils ne pensent pas à interroger. Mais qu'en est-il lorsqu'on a manqué d'amour, de considération, de « narcissisation » et d'encouragements ? De ces carences, il résulte des adultes qui se cherchent, vont d'un rôle à l'autre, d'un masque à l'autre, se sentent perdus, déconnectés d'eux-mêmes, incapables de se sentir à leur place.

Voici donc comment, une fois adulte, se lancer dans un travail de réparation de manière aussi douce qu'agréable. C'est un exercice que j'affectionne particulièrement, et que j'ai de nombreuses fois pratiqué moi-même. Vous allez adorer cette expérience, que vous pouvez d'ailleurs refaire à chaque fois que vous vous sentez «déraciné».

Placez-vous debout et pieds nus, bras le long du corps, sur un sol naturel (jardin, parc, forêt…). Les pieds légèrement écartés, distants l'un de l'autre de la largeur de vos épaules. Fermez les yeux, et prenez trois profondes et lentes respirations, par le nez. Commencez à vous visualiser comme un arbre. Celui que vous voulez, celui que vous aimez. Prenez le temps de choisir votre essence.

Une fois que vous aurez trouvé, visualisez des racines, partant de vos pieds, et parcourant le sol sous vos pieds. Imaginez-les s'enfonçant délicatement, au plus profond de la terre. Imaginez-les atteindre le centre de la terre, auquel elles viennent alors s'enrouler solidement. Prenez à nouveau une profonde inspiration, et choisissez la couleur que vous souhaitez donner à vos magnifiques racines.

Éprouvez ensuite dans votre corps la sensation d'être profondément et solidement ancré, enraciné. Faites monter cette sensation le long de vos membres. Alors, tendez vos bras vers le ciel, et visualisez des branches et des feuilles jaillissant de vos mains. Percevez la solidité de votre tronc. La sève qui vous parcourt.

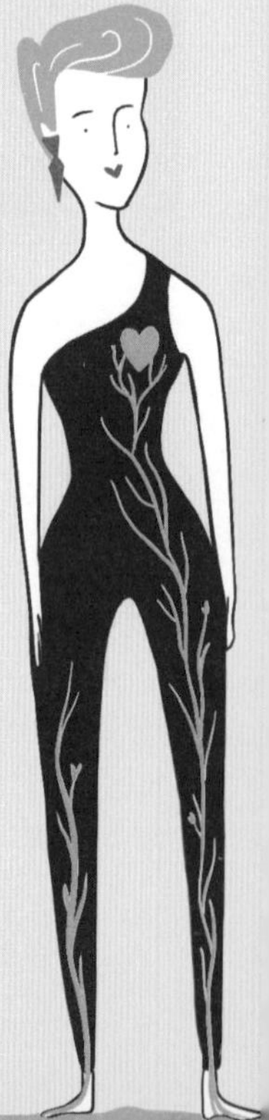

Reprenez alors trois respirations. Ouvrez les yeux, et buvez quelques gorgées d'eau pure.

Vous venez de trouver votre place… C'est aussi simple que cela !

POSER SES LIMITES

Aujourd'hui, on entend de nombreux jeunes gens parler de « respect », parfois sans même véritablement savoir de quoi il s'agit. Le respect est la considération qu'on a pour une personne (ou un objet), qui pousse à avoir des égards à son encontre. À tenir compte de ce qu'il est.

Tout le monde attend, souhaite et cherche le respect d'autrui, mais peu de personnes sont capables d'en avoir pour elles-mêmes, tout simplement. Se faire respecter, c'est avant tout se respecter. Et pour cela, il faut se connaître et se reconnaître, dans sa globalité. Il faut savoir ce qui est juste pour soi, et ce qui ne l'est pas.

Pour avancer vers ce but, je vous propose une approche ludique et enrichissante.

Munissez-vous d'une feuille blanche de format A3. Avec un crayon bleu, tracez le plus précisément possible votre silhouette. Cette silhouette vous représente, c'est votre enveloppe corporelle. Écrivez-y, en majuscules : « MOI ».

Avec un crayon rouge, et un autre vert, tracez deux autres silhouettes, autour de la vôtre. La rouge représente la zone de l'inacceptable ; écrivez-y, en majuscules « PAS OK ». Et la verte est celle de l'acceptable, que vous nommez « OK ». Sur les bords de votre feuille, notez **tout** ce qui vous vient à l'esprit. Ce peut être, par exemple : « Jugement » / « Compliment » / « Cri » / « Tendresse » / « Défi »... Recensez ainsi tout ce que vous pouvez rencontrer dans la vie.

Puis, avec les crayons des couleurs correspondantes, tracez une ligne partant du mot, vers la zone qui peut accueillir ce terme. Une ligne verte peut ainsi relier le terme « Défi » à la zone de ce qui est «OK» pour vous, une ligne rouge le terme «Cri» à la zone rouge de l'inacceptable, une ligne bleue le terme « Tendresse » à la zone bleue qui représente votre «MOI», etc.

C'est un travail de longue haleine, à faire sur la durée, et à faire évoluer.

Une fois que vous aurez la sensation que le dessin est abouti, affichez, face à votre lit, votre définition de vos limites, et imprégnez-vous-en... Cela vous aidera à vous écouter, à vous connaître, à vous respecter, et à vous faire respecter.

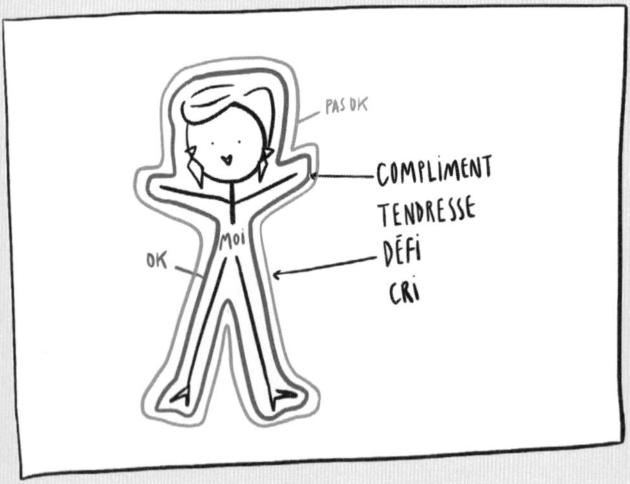

Quelques mots patients, pour célébrer l'amour qui attend.

Je t'attendrai en haut de la plus haute tour
où pleurent nuit et jour les absents dans le vent

Je vous invite à découvrir « L'attendue », le très beau poème de Claude Roy d'où ces vers sont extraits (*Poésies*, Gallimard, 1970).

MES BELLES RENCONTRES

Mes précieux amis

Sans leur patience, sans la profondeur et la sincérité de leur affection, sans leur tolérance, je n'aurais aucun ami... Petite, j'ai toujours déménagé. À vingt ans, j'avais changé de maison plus de quatorze fois. Je n'ai pas d'amis d'enfance. Je n'ai pas appris à entretenir mes amitiés en écrivant, en appelant, en demandant et en donnant des nouvelles. Je ne sais tout simplement pas le faire.
J'ai toujours vécu mes amitiés au gré des rencontres, des envies et des époques. Une personne dont je me sentais très proche durant un temps pouvait ne plus faire partie de mon cercle rapproché au bout de quelques mois, parce que j'avais évolué, et devenais une autre version de moi-même.
Pourtant, la vie m'a offert de magnifiques présents (je trouve le terme idéal). Des personnes immenses, lumineuses et douces, qui malgré ma manière discutable de gérer mes amitiés, sont là. Encore, toujours. Des personnes qui arrivent à dépasser la forme, et à se concentrer sur le fond. Qui voient en moi le beau, le bon. Ces amitiés sont mes balises, mes refuges, mes phares. Ces personnes font parties de moi. Je les aime, passionnément.

À votre tour de saisir votre plume

Prenez le temps, ici et maintenant, de regarder derrière vous, et de voir le chemin parcouru. Dessinez sur ces pages un sentier, et annotez-le en faisant référence aux grandes étapes de votre vie, celles qui vous ont conduit ici et maintenant. Enfin, remarquez comme tout est parfait, comme, ce qui semblait injuste, a trouvé sa place dans l'ensemble.

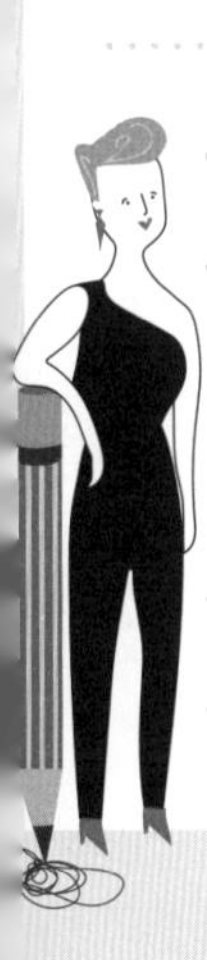

LES GRANDES ÉTAPES DE VOTRE VIE

CHAPITRE VI

Une HISTOIRE de PLACE

« Leur rencontre est amusante. On pourrait y voir l'amour improbable d'un palefrenier avec une cavalière, mais les apparences sont le contraire de la réalité : leur amour est celui d'un fils de la bourgeoisie avec une paysanne. »

Yannick

Nous sommes en 2020 et les mœurs se libèrent. Pourtant, aujourd'hui encore, se marier en dehors de son milieu social reste pour le moins difficile. À l'époque où se passe notre histoire, en 1970, les protagonistes s'imaginaient peut-être que, le temps passant, les esprits s'ouvriraient... C'était compter sans ces proverbes, ou ces formules toutes faites qu'on répète à loisir et qui nous empêchent parfois de penser par nous-mêmes : «Qui se ressemble s'assemble», «Vous êtes issus du même milieu social, vous vous comprendrez», entend-on trop souvent...

On sait pourtant à quel point les différences nourrissent les relations. La nature elle-même l'a compris, puisque le métissage fait naître des enfants si vigoureux.

Alors pourquoi notre entourage nous pousse-t-il toujours à aller vers ce que l'on connaît et qui nous ressemble ?

Voici l'histoire de Brigitte et Paul, qui m'a été généreusement racontée par leur fils, Yannick.

***Million Years Ago* - Adele :**
cette musique a accompagné mon écriture durant ce chapitre, et si elle accompagnait votre lecture ?

UNE HISTOIRE DE PLACE

BRIGITTE ET PAUL

Yannick, le second fils de Brigitte et Paul, porte un regard bienveillant et admiratif sur le couple que forment ses parents. Et je crois que quiconque a croisé leur route garde d'eux la même image positive. Celle d'un homme et d'une femme aux parcours, aux milieux et aux ambitions divergents, qui ont su s'aimer au-delà de la raison et des codes établis.

Une photo des années 1970 nous les fait découvrir : elle a un chemisier à fleurs et un chaton dans les bras, lui une longue barbe et des lunettes de soleil. Brigitte a seize ans et ses parents sont laitiers. Paul a vingt-deux ans, et son père est un intellectuel, un ingénieur agronome qui vit en Afrique, avec sa famille, une femme et six enfants dont Paul est le dernier.

Chaque été, pendant les vacances, Brigitte monte à cheval ; c'est sa grande passion. Elle souhaite faire des études de pharmacie, une ambition à la fois personnelle et familiale. Une sorte de revanche sur la vie, car ses parents, faute d'argent, n'ont pas pu faire d'études, et en restent frustrés. Paul, lui, se trouve en totale opposition à l'autorité paternelle, trop stricte et oppressante pour lui. Il vit chez ses grands-parents, en région parisienne, n'a pas fait d'études, et enchaîne les petits boulots.

La rencontre entre la cavalière paysanne et le palefrenier bourgeois a lieu durant l'été 1970, en Charente-Maritime où, de retour d'Afrique, la famille de Paul a élu domicile et se trouve au grand complet.

C'est une rencontre simple, jolie, facile et évidente.

Si les parents de Brigitte ne voient pas d'inconvénient à ce que cette relation s'épanouisse, puisque leur fille reste concentrée sur ses ambitions professionnelles, Paul, lui, se heurte d'emblée à l'hostilité des siens, qui ne tolèrent pas le grand écart social qui sépare les deux amoureux. Les différences les plus évidentes se remarquent à table. Les parents de Brigitte avaient l'habitude des grandes tablées, auxquelles tout le monde était bienvenu : famille, employés, ouvriers agricoles. Ça parlait fort, ça mangeait bien. C'était généreux. Les parents de Paul, qui avaient longtemps vécu avec leurs six enfants en Afrique, où la vie n'était pas facile, servaient huit portions de chaque plat à table, pas une de plus. La spontanéité avec laquelle la compagne de leur fils se resservait à table les a souvent choqués...

Paul note ces grincements, et trouve une certaine satisfaction à l'idée de s'opposer encore une fois à son père, en choisissant une jeune femme qui ne lui convient pas.

Les deux amoureux partent à Bordeaux : elle y fait ses études, lui les fait vivre de petits boulots. Le rêve de Brigitte est d'acquérir un cheval, dès qu'elle en aura les moyens. Mais une fois mariée, les enfants, la vie professionnelle qui démarre et un quotidien bien chargé ont raison de ce rêve.

Le temps passe, et prouve un peu plus chaque jour que les liens qui unissent Brigitte et Paul sont solides. Ils s'aiment

oui, mais surtout, ils savent se réinventer. Ils savent que leur couple est précieux, et qu'il mérite une attention particulière. Ils prennent soin d'eux, aussi bien à deux, que chacun de leur côté. Ils comprennent alors que partager une activité sera un socle sur lequel leur amour pourra s'appuyer. Ils se lancent à deux dans la pratique du golf ; elle n'est pas encore en vogue à l'époque, mais devient le cadre de leurs moments à eux.

Les enfants grandissent, et quittent le nid. Voici une nouvelle étape, que Paul et Brigitte considèrent et négocient à merveille. Ils retrouvent le plaisir de la vie à deux, heureuse, sereine et complice. Une vie simple et jolie, qui dure encore au moment où j'écris ces lignes, et qui a pu se déployer parce qu'un palefrenier et une cavalière ont su sortir de leur zone de confort.

Ce que
L'AMOUR
PEUT FAIRE
L'AMOUR
OSE
LE TENTER.

WILLIAM SHAKESPEARE

MON REGARD SUR UNE HISTOIRE

Cette histoire d'amour pourrait inspirer un film que j'imagine simple et doux. Film que j'aurais plaisir à regarder pour son réalisme rassurant. Et le fait qu'elle nous ait été transmise par Yannick, le second fils de Brigitte et Paul, la rend encore plus poétique.

Brigitte me semble être une femme à la fois romantique et rationnelle ; deux qualités qui peuvent parfaitement cohabiter, et se compléter. Elle me fait penser à ces femmes qui inspirent l'admiration. Il émane d'elle une force tranquille, de la vie, de la joie ; elle se laisse guider par des valeurs fortes, et par beaucoup d'amour. Paul, lui, m'apparaît comme un homme écorché dès son jeune âge. Un homme qui, auprès de sa femme, a trouvé la paix. Un homme plein de complexité, capable de force comme de fragilité. Sensible, aimant, animé d'abord par la compassion. Très amoureux de Brigitte.

Cette histoire, je l'ai choisie pour la bonté dont elle est la parfaite manifestation. Il se dégage de tout ce qu'ont fait, vécu ou ressenti nos deux amoureux une forme de bienveillance et de tolérance qui réchauffe le cœur. Brigitte et Paul semblent avoir réussi, avec beaucoup de conviction et de douceur, à imposer leur amour. Ils semblent n'avoir pas été hantés par le doute, le besoin de se justifier, ou la culpabilité. Et c'est ce qui rend ce récit si important. L'amour a ses raisons que la raison ignore, et c'est mieux comme cela…

Je crois que ce qui a rendu possible, pour l'un comme pour l'autre, cette histoire qui dure, c'est leur conscience.

L'un comme l'autre semble très éclairé quant au fait que, si l'amour est une chose simple, le faire durer ne l'est pas. Cela demande du respect, du temps, de l'écoute, de l'acceptation, mais aussi de la gratitude... Brigitte et Paul ont non seulement su s'accueillir dans leurs vies respectives, s'y donner l'espace nécessaire, mais également toujours réussi à s'adapter à ce qui se présentait dans leur vie de couple ! Ils ont pu réinventer les liens, et c'est le secret des couples qui durent.

Perspectives d'évolution

IMPOSER SON AMOUR

Si vous vous trouvez dans une situation de ce genre, que vous êtes attiré par une personne mais vous sentez bloqué mentalement parce qu'elle ne correspond pas en tout point à vos attentes ou à celles de votre famille, voici des pistes pour y remédier.

À une époque qui se veut, en théorie, libérée des attentes sociales (mais qui ne l'est pas tant que ça en pratique), je rencontre encore régulièrement dans mon cabinet des couples dont l'amour est écorché par la pression extérieure.

Je le répète sans cesse : l'amour est inconditionnel. J'en suis profondément convaincue ! L'amour n'est pas l'attirance, ou l'estime. Il ne fait aucun cas de vos défauts, de votre apparence. Alors comment les questions de milieu social, de culture, d'âge ou de géographie pourraient-elles avoir une quelconque raison d'entacher ce sentiment libre, pur et gratuit ?

Posez-vous une seule et unique question :

Aimerais-je cet homme ou cette femme, si sa culture/son âge/son milieu, etc. était celui que mon entourage attend ?

Si la réponse est «OUI», foncez ! Le reste ne compte pas !

L'amour n'a nullement besoin d'un environnement particulier pour être et s'épanouir. C'est l'environnement qui a besoin d'amour, pour devenir le cadre dans lequel vous vous épanouirez. En disant «oui» à cet amour, en le vivant à 100 %, vous provoquerez le changement autour de vous !

SE NOURRIR DES DIFFÉRENCES

Les relations humaines se nourrissent des différences. «Il faut un village pour élever un enfant», dit-on. Cette phrase est pleine de sagesse. Ce sont en effet les personnalités et les approches uniques de chacun, qui vont enrichir l'éducation de l'enfant et la vision qu'il aura de la vie et du monde. Dans les relations amoureuses, c'est tout aussi vrai !

Il est facile de se déchirer à cause de nos différences. Nous avons tous prononcé cette fameuse phrase : «Mais moi, je n'aurais jamais réagi comme ça !», croyant que notre façon de penser est la seule valable. Pourtant, la personne qui nous fait face pense la même chose. C'est ce constat qui génère de la frustration, puis de la déception, de la colère, du ressentiment...

Alors, comment faire de nos différences des forces ? Cet exercice vous y aidera.

Pour ce coaching, vous aurez besoin de complices : choisissez-les parmi vos proches, famille ou amis. Avec l'un d'entre eux, sélectionnez ensemble trois films que vous n'avez jamais vus, uniquement des comédies romantiques. Commencez à les visionner. Durant la projection, appliquez cette règle : à chaque fois que l'un des personnages agit ou dit quelque chose d'important, appuyez sur «Pause», et demandez-vous mutuellement ce que vous auriez fait ou dit à sa place. Si vous êtes d'accord tous les deux, poursuivez. Mais si vous ne l'êtes pas, questionnez-vous. Essayez de comprendre le point de vue de l'autre, soyez à l'écoute, ne jugez pas, ouvrez votre esprit sans jamais essayer de convaincre l'autre.

Prenez des notes sur vos réactions

Faites de même avec les trois films. Lorsque vous les aurez visionnés dans leur intégralité, reprenez vos notes et parlez-en. Gardez en tête que votre objectif est l'acceptation des différences. L'autre est un autre, cela ne fait pas de lui une personne moins bien que vous...

Cet exercice a pour but de vous faire prendre conscience de cela : «différent», c'est juste «différent», ce n'est pas «moins bien». Les différences vous font grandir, vous nourrissent, vous font penser plus loin !

Poème qui aime

Poème pour les amoureux qui illuminent le monde de leur triomphe.

Le triomphe de l'amour (extrait)

C'est par l'amour que les Dieux sont heureux ; c'est par l'amour
que les hommes ressemblent aux Dieux : l'amour rend le ciel
plus beau et fait de la terre un séjour céleste.
L'amour éclaire l'empire des ténèbres ; l'enfer est soumis
à la magie puissante de l'amour : le regard de Pluton s'adoucit
au sourire de la fille de Cérès. L'amour éclaire l'empire des ténèbres.
Tes chants, Orphée, retentissaient harmonieusement dans
les enfers, ils subjuguèrent le terrible gardien des rives sombres.
Minos, les yeux humectés de larmes, rendit des sentences
moins rigoureuses ; les serpents furieux baisèrent avec tendresse
les joues de Mégère, et le bruit des fouets fut suspendu.
Le vautour de Tithion s'enfuit, chassé par la lyre d'Orphée :
le Léthé et le Cocyte s'arrêtèrent sur leur rivage pour entendre
tes chants, ô poète, car tu chantais l'amour.

C'est par l'amour que les Dieux sont heureux ; c'est par l'amour
que les hommes ressemblent aux Dieux : l'amour rend le ciel
plus beau et fait de la terre un séjour céleste.

Friedrich von Schiller

MES BELLES RENCONTRES

J'ai vingt ans. Depuis toute petite, je suis solitaire, dans la lune, proche de la nature, des animaux, et je lis sans cesse. Cela inquiète mes professeurs, et agace mon père. J'ai été élevée dans la conscience de ce qui est concret : à ses yeux la vie est un combat, il faut être cultivée, travailleuse, réfléchie...

À vingt ans donc, je vis une histoire d'amour avec un jeune homme «parfait», que toutes mes copines admirent. Mais c'est sa maman qui va changer ma vie... Catherine. Catherine est peintre. Elle crée des tableaux inspirés de son intuition. Cette femme, d'une grande beauté, douce, talentueuse et lumineuse, me prend sous son aile. Je deviens la fille qu'elle n'a pas eue. C'est la première fois que je rencontre une telle personne. Elle parle aux anges, tire les oracles, a de longues conversations avec les animaux...

Et au départ, conditionnée par mon éducation paternelle, sa personnalité m'impressionne, si bien que je reste distante.

Mais Catherine est patiente. Elle sait que j'aime lire, et me prête des ouvrages qui traitent de spiritualité. Elle me donne un pinceau et me laisse peindre dans son atelier, à ses côtés. Nous buvons des litres de thé en parlant de l'humanité.

Et puis un jour, parce qu'elle sent que je suis prête, elle me dit que je suis une enfant «indigo». Je ne sais pas ce que c'est, à l'époque, mais je comprends rapidement que cette sorte d'enfants, sensibles et éveillés, j'en fais en effet partie...

De là, commence pour moi un voyage intérieur que je poursuis encore aujourd'hui. Je ne me trouve plus bizarre, ou différente. Je trouve dans ces capacités une force... Et aujourd'hui, j'en fais mon métier.

EN AMOUR,

ÊTRE FRANÇAIS,

c'est la MOITIÉ

du CHEMIN.

PAUL MORAND

Ces pages sont les vôtres

Et si vous écriviez ici tous les principes, toutes les idées reçues, toutes les croyances que vous avez au sujet du couple ?
Par exemple : « L'amour ne peut pas durer toute une vie », « Les hommes sont infidèles », etc.
Prenez ensuite le temps de les relire, en ouvrant votre esprit jusqu'à atteindre le degré de conscience qui vous permettra d'accéder à cette vérité : « Chaque personne et chaque histoire est unique. »
Lorsque cela sera fait, barrez ce que vous avez écrit...

CHAPITRE VII

Une HISTOIRE d'IMPOSSIBLES

« Si je pouvais passer mes journées et mes nuits avec elle je le ferais, j'aimerais arrêter de travailler pour passer tout mon temps avec elle. »

Vincent

La force de l'amour est infinie. Aucun autre sentiment, aucune autre émotion, aucune énergie n'est plus puissante. L'amour emporte, transforme, bouleverse... Il n'a pas de genre, pas d'âge.

Lorsque deux âmes se croisent au bon moment, au bon endroit, la magie opère, plus rien n'a de prise, si ce n'est l'amour.

On découvre parfois des histoires qui semblent ne pouvoir exister que dans les films. Mais la réalité dépasse la fiction.

Mad About You **- Hooverphonic :**
cette musique a accompagné
mon écriture durant ce chapitre,
et si elle accompagnait votre lecture ?

UNE HISTOIRE D'IMPOSSIBLES

VINCENT ET LYDIA

Vincent qui parle de Lydia, c'est le silence autour de lui qui s'installe. Chacun se met à rêver, ses mots nous inspirent, nous transportent. Il aime sa femme comme on aime la vie : entièrement. Leur histoire parle du véritable amour, d'un amour sans conditions.

Le dernier fils de Lydia a treize ans, et il est ami avec le filleul de Vincent. Les deux garçons se retrouvent pour une soirée «geek». Lydia conduit donc son fils chez Vincent. J'ai voulu commencer ce récit en vous racontant cela, car contrairement à ce que l'on voit dans les films, il est peu courant qu'une rencontre amoureuse soit ainsi provoquée par des enfants. À mes yeux, leur présence rend le moment encore plus magique : ne sont-ils pas les symboles de l'amour, de l'innocence et de la vérité ?

Ce jour-là, entre les deux adultes, la conversation s'engage naturellement, et la complicité est immédiate. C'était il y a cinq ans.

Durant une année, Vincent et Lydia sont amis. Ils sont très proches, au point que Vincent installe sur le téléphone de Lydia une appli de rencontre. L'un comme l'autre ne se pose aucune question sur la relation qui s'établit. Vincent est homosexuel, Lydia a vingt ans de plus que lui : quelles questions, quels doutes pourrait-il y avoir ?

EN AMOUR,
TEL MOT,
dit tout bas, est un
MYSTÉRIEUX
BAISER
de L'ÂME
à L'ÂME.

VICTOR HUGO

Puis, des vacances en Bretagne se profilent : chacun de son côté s'y rend pour retrouver de la famille ou des amis. C'est le hasard qui l'a voulu ainsi, et ils font la route ensemble. Pourtant ce sont leurs hôtes, la fille de Lydia et les copains de Vincent, qui vont faire prendre conscience à ce «couple» qui s'ignore qu'il en est bien un ! Les uns comme les autres tiennent, dans deux maisons séparées et au même moment, deux discours similaires : Lydia et Vincent ne sont pas que des amis, il y a évidemment quelque chose d'autre entre eux...

À la fin des vacances, le «hasard», encore lui, fait que, pendant le voyage du retour, ils se retrouvent tous deux à partager la même chambre. La première nuit est blanche : aucun des deux ne parvient à trouver le sommeil, tant l'idée que cette histoire pourrait prendre une autre tournure les bouleverse. Mais la seconde nuit, comme souvent, ce sont les peaux qui s'expriment, et ils échangent leur premier baiser.

Le jour de leur départ, sur la route, ils décident d'un commun accord que ce baiser ne doit rien changer... Quarante-huit heures plus tard, Vincent emménage chez Lydia, ils ne se quittent plus, et se marient. Depuis, ils forment un couple heureux. Ils sont fusionnels sans être symbiotiques, leur amour est passionnel sans être destructeur, leur quotidien serein sans être ennuyeux...

Lorsqu'ils évoquent leurs souvenirs, un grand bonheur se lit dans leurs yeux. Pourtant, tous deux parlent beaucoup du regret qu'ils ont de ne s'être pas rencontrés plus tôt. Mais dans la même phrase, ils ont la sagesse de poursuivre en disant que, plus tôt, ils n'auraient sans doute pas été prêts.

MON REGARD SUR UNE HISTOIRE

J'aime ce récit. J'aime l'énergie qui en émane : la percevez-vous ?

Cette histoire, c'est toujours l'histoire d'amis d'amis, une histoire dont on ne connaît jamais directement les protagonistes. C'est un récit que l'on partage pour rassurer, pour dire que ça n'arrive pas qu'aux autres. Et c'est vrai : ça n'arrive pas qu'aux autres !

Alors, pourquoi une si belle histoire est-elle arrivée à Lydia et à Vincent ? Voici un essai de réponse, une proposition d'explication...

La magie, l'âme agit... Vous le savez, j'aime ce jeu de mots, qui en dit long, me semble-t-il, sur la vie. La magie dont je veux parler ici, ce n'est pas celle que l'on voit dans les spectacles de prestidigitation, celle qui consiste à savoir à quelle carte vous pensiez. Non. Il s'agit de celle de la synchronicité de la vie. Celle qui fait être au bon moment, au bon endroit.

Je crois que notre vie est dirigée par une seule et unique chose : l'amour. Quels que soient nos rêves, nos buts, nos croyances, tout cela nous conduit, consciemment ou pas, vers l'amour. C'est ce que nous voulons tous, au fond : aimer et l'être en retour, au sens large du terme.

Et lorsque deux âmes qui s'attirent sont prêtes, lorsqu'elles sont au bon moment de leur vie et de leur évolution, lorsqu'elles s'aiment elles-mêmes et que leur cœur est grand ouvert, alors, la magie opère. L'âme agit.

Vous ne TROUVEREZ JAMAIS ce que vous ne CHERCHEZ PAS.

CONFUCIUS

La manière qu'a Vincent d'aimer Lydia est d'une pureté et d'une perfection qui illuminent. En l'écoutant parler d'elle et de leur histoire, mon cœur se gonfle littéralement, mon esprit s'apaise. Car tout est à sa place, tout est merveilleusement éblouissant...

Vincent est conscient, m'explique-t-il en racontant son histoire, qu'ils n'ont pu la vivre que parce qu'ils ont su se débarrasser de leurs préjugés et de toutes ces barrières qui auraient pu les retenir. Au contraire, ils ont été aidés par leurs proches, qui les ont gentiment poussés.

Oh, bien entendu, tout n'a pas été si simple. Il n'y a eu pour ainsi dire aucune transition entre le moment où, amis, ils se sont côtoyés en copains, et celui où, amants, ils ont commencé à partager leurs vies. Cette absence de transition a parfois créé des tensions, en particulier pour Lydia, qui supportait mal certains regards venus des autres ; ce que Vincent a résolu tout simplement : en lui prenant la main dans la rue, dans les magasins, pour la soutenir, former avec elle un couple, être avec elle.

Voici pour vous quelques extraits des propos de Vincent. Tout timide, il raconte que, depuis qu'ils vivent cette belle histoire d'amour, ils ne se sont jamais quittés :
« Pour moi il n'y aura qu'une seule femme dans ma vie, ce sera elle », et « même si on a vingt ans d'écart c'est mon âme sœur, celle que j'aurais dû rencontrer il y a vingt ans ».

Maintenant, je vous laisser rêver...

Perspectives d'évolution

LA LOI DE L'ATTRACTION

> L'univers est d'une logique implacable. Si vous pensez ou croyez « A », il vous donne « A ».

Et si je vous disais que lorsque vous faites une demande à l'univers, vous recevez, comme réponse, le maintien de la situation dans laquelle vous êtes ?

La véritable loi de l'attraction ne consiste donc pas à demander, puisque quand vous demandez, vous sous-entendez qu'il vous manque quelque chose, et vous conduisez donc l'univers à vous maintenir dans la croyance de ce manque...

C'est au contraire par la gratitude et la visualisation créatrice, que la loi de l'attraction fonctionne.

Imaginons par exemple que vous êtes seul et que vous en souffrez. Tant que vous aurez le comportement et les pensées qui vont avec cette situation, elle se maintiendra. Et votre solitude durera plus encore si vous demandez autre chose.

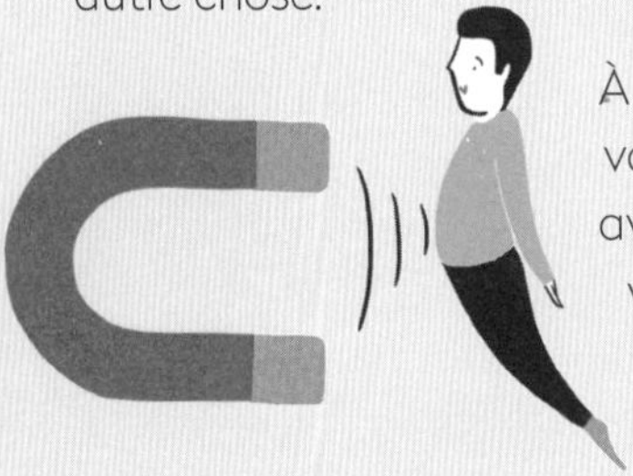

À l'inverse, si vous commencez à vous comporter comme si vous aviez ce que vous voulez, et si vous montrez votre gratitude, l'univers refera ses calculs pour vous proposer une situation qui corresponde à votre état d'esprit.

Voici donc concrètement ce que je vous propose de faire, chaque soir et chaque matin

Reprenons l'exemple de votre souhait de trouver l'amour.

Chaque soir, une fois couché et prêt à dormir, fermez les yeux. Prenez trois grandes respirations, et commencez votre visualisation. Celle-ci doit fonctionner comme les épisodes d'une série dont vous seriez le réalisateur. Le premier épisode doit donc planter le décor, celui dans lequel vous vivez actuellement. Faites ensuite avancer la série au rythme d'un épisode par soir. Et, au fur et à mesure, faites évoluer votre situation. Visualisez, la rencontre de l'amour, puis entamez cette relation, que vous faites grandir. Lorsque vous visualisez ces épisodes, vivez-les intérieurement.

Vous devez prendre votre temps et être très précis. Faites attention à vos sens et à vos perceptions : demandez-vous ce que vous voyez, ce que vous sentez, ce que vous pouvez toucher... Cela rendra ces visualisations plus efficaces.

Puis, tous les matins, au réveil, remerciez à voix haute pour toutes ces nouvelles choses qui se présentent.

Vous voyez, c'est simple et ludique, et ça marche !

OUVRIR SON CŒUR

Voici un exercice très agréable à faire !
Il s'agit de se nourrir émotionnellement, de faire grandir l'amour en soi, de l'éveiller...

Comme vous le faites lorsque vous mangez pour vivre, nourrissez-vous d'amour.

Faites-le chaque jour, ou, si vous le souhaitez et le pouvez, trois fois par jour... Laissez-vous guider par le temps dont vous disposez, et par votre envie.

L'amour est partout autour de nous, pour peu que l'on ait envie de le voir. Voici quelques exemples, pour vous inspirer :

- Assistez à la sortie d'une école maternelle : ce moment magique, où le visage de l'enfant s'illumine en retrouvant sa maman ou son papa, avant de partager le câlin qui apaise tout.
- Caressez un chat ou un chien, regardez-le dans les yeux, dites-lui des mots doux.
- Faites un compliment à trois personnes, et observez leur sourire, le bien-être que vous leur procurez.
- Rendez service à un inconnu : portez les sacs d'une vieille dame, aidez une maman à descendre un escalier avec une poussette... Cette résolution est ma préférée, je la pratique depuis toute petite et en dois l'idée à ma mère !

Ce sont peut-être des choses que vous faites déjà spontanément. Dans le cadre de cet exercice, il s'agit de faire en conscience. Avant chaque action, prenez une grande respiration, imaginez votre cœur qui s'ouvre à l'amour, et agissez. Emplissez-vous de lumière. Plus il en émanera de vous, plus vous serez entouré de choses lumineuses...

Sonnet

Se voir le plus possible et s'aimer seulement,
Sans ruse et sans détours, sans honte ni mensonge,
Sans qu'un désir nous trompe, ou qu'un remords nous ronge,
Vivre à deux et donner son cœur à tout moment ;

Respecter sa pensée aussi loin qu'on y plonge,
Faire de son amour un jour au lieu d'un songe,
Et dans cette clarté respirer librement
Ainsi respirait Laure et chantait son amant.

Vous dont chaque pas touche à la grâce suprême,
C'est vous, la tête en fleurs, qu'on croirait sans souci,
C'est vous qui me disiez qu'il faut aimer ainsi.

Et c'est moi, vieil enfant du doute et du blasphème,
Qui vous écoute, et pense, et vous réponds ceci :
Oui, l'on vit autrement, mais c'est ainsi qu'on aime.

Alfred de Musset

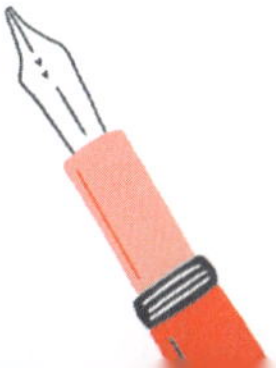

MES BELLES RENCONTRES

Je voudrais ici parler des amours qui ont enchanté ma vie, mais surtout de ma façon d'aimer à vingt ans, et de la manière très différente dont j'aime, aujourd'hui, à l'aube de mes quarante.

À vingt ans, j'ai aimé jusqu'à me brûler. J'ai voulu vivre mes rencontres comme une héroïne de roman russe. L'amour devait être sublime et dramatique. Je nourrissais mes relations avec l'imagination et l'exigence d'une scénariste. Ajoutant, çà et là, romantisme, tragédie, passion, déchirement.

J'en ressortais épuisée. Mais heureuse, croyais-je. Il ne faisait aucun doute à mes yeux que l'amour, c'était ça et rien d'autre. À vingt ans, on est aussi sûr de ses vérités qu'à quarante, du fait qu'il y en a mille.

À trente ans, j'ai vécu l'histoire d'amour qui construit, celle qui fait grandir, et permet d'accueillir une nouvelle maturité. Ce n'est pas encore la sérénité, mais c'en est la semence. De cette décennie est née ma plus belle rencontre : mon fils, Axel.

En 2020, quarante ans après avoir vu le jour, je respire plus calmement, plus profondément, plus consciemment. Et j'aime comme je respire. J'aime avec une paix et une confiance qui me mettent en flottaison. J'aime comme jamais jusque-là. J'aime tout, entièrement, absolument. C'est une chose qui dépasse la passion, c'est un état qui transporte et transforme.

Merci V.

Ces pages sont les vôtres

Que vous l'ayez vécue, ou que vous l'espériez, racontez ici votre plus belle histoire d'amour...

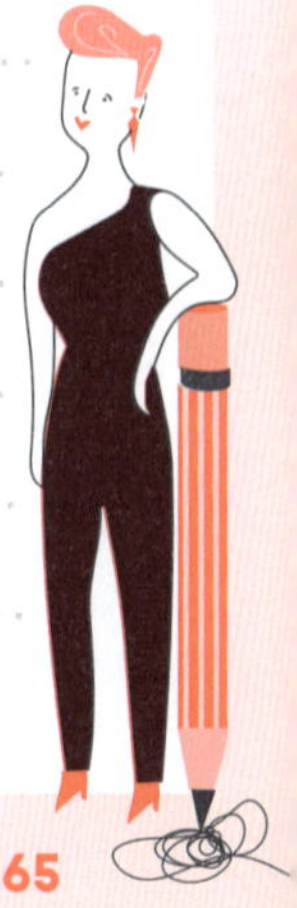

CHAPITRE VIII

Une HISTOIRE de RESPECT

« J'aime comme il m'aime, j'aime comme je l'aime, c'est beau... »

Fanny

Tant d'hommes et de femmes, aujourd'hui encore, s'abîment dans des relations sans respect… Ils sont si nombreux à se perdre dans des histoires qui leur commandent de se sacrifier aux besoins de l'autre… Ils sont une multitude à trouver les situations qu'ils subissent normales ; pire : à penser qu'ils ne méritent que cela !

Poser ses limites, connaître ses besoins, et attendre le meilleur pour soi comme pour l'autre : voilà les seules bases saines, les seules à permettre d'entamer une relation fondée sur un respect mutuel.

Pas toi - **Jean-Jacques Goldman :** cette musique a accompagné mon écriture durant ce chapitre, et si elle accompagnait votre lecture ?

UNE HISTOIRE DE RESPECT

FANNY ET WILLIAM

Fanny et William sont tous les deux mariés lorsqu'ils se rencontrent. Je devrais plutôt dire : lorsque l'amour les rencontre. Vous trouvez la formule un peu inhabituelle ? C'est que tout, dans leur histoire, est extraordinaire. Leur rencontre, pour commencer.

La première fois qu'ils se voient, c'est au beau milieu d'un club échangiste. Fanny pose ses yeux sur cet homme, droit, présent, et en qui elle perçoit instantanément un respect inné de la femme. Pour elle, qui a épousé son amour de jeunesse, et qui se plie à ses volontés avec la sensation que sa vie de femme n'a pas pris la tournure qu'elle espérait, la pudeur et l'élégance qui émanent de William sont magnétiques.

Lui non plus n'a pas très envie d'être là, jusqu'à ce qu'à son tour, il regarde Fanny.

« J'ai senti immédiatement, et sans un mot, un respect incroyable de la femme émaner de son regard. Une protection, une bienveillance, une bulle d'attention. J'étais et je suis encore subjuguée par ce qu'il dégage. Alors, nous avons fait connaissance, en tout bien tout honneur », se rappelle Fanny. Mais je lui cède la parole, car qui, mieux qu'elle, saura exprimer la déferlante d'émotions qui devait l'assaillir ? Voici donc comment elle poursuit :

« Dès le premier instant, j'ai senti que je prenais une claque de la vie. Une vraie. L'amour nous est littéralement tombé dessus. Comme ça. Moi et lui, qui étions et sommes toujours des personnes loyales, nous avons senti l'amour hors de nos couples respectifs. C'était chimique. Son odeur, son esprit, sa façon de partager, ce qu'il est. C'était plus fort qu'un aimant. Nous avons passé des heures, des jours, des mois à nous découvrir pour mieux nous connaître, et à nous écrire. On s'écrivait beaucoup de mails. C'est tellement agréable de prendre son temps et de savourer la personne !

Nous avons pris notre temps avant de nous donner l'un à l'autre, car le libertinage banalise le sexe. Et ce que nous vivons n'est pas banal. Déjà, à l'époque, nous sentions que cela n'avait rien de banal. Mais quand nous avons fait l'amour pour la première fois, nous avons fait l'expérience d'une connexion si forte ! Aujourd'hui encore nous la revivons, à chaque fois. Je ne cesse d'avoir besoin de le respirer, d'écouter son souffle... Encore aujourd'hui nous nous écrivons beaucoup», avoue-t-elle pour conclure cette belle déclaration d'amour !

Nous le voyons, il faut du temps à Fanny et à William, pour trouver le bon écrin à leur amour. Elle n'est pas heureuse dans son mariage, mais son sens des valeurs vient en effet se heurter à l'élan qui la pousse vers cet homme qui se présente comme celui qui pourrait lui offrir un avenir radieux. Avec beaucoup de patience et d'amour, il lui apprend le respect d'elle-même... Il lui apprend que la femme est seule maîtresse de son corps. Une évidence à laquelle Fanny se rallie enfin, après des années de dévouement.

«Nous avons fait le choix de ne pas laisser passer cette chance d'être heureux pour le restant de nos jours. On s'est vite rendu compte du caractère exceptionnel de ce qui nous arrivait.»

Lorsque Fanny raconte son histoire, elle a une voix de toute jeune fille, et l'énergie d'une femme adulte. Les mots qu'elle emploie pour parler de l'homme de sa vie, nous espérons tous les prononcer et les entendre un jour... Mais au-delà de cet amour intense et délicat à la fois, il y a deux personnes qui ont un respect admirable l'une pour l'autre.

La galanterie (il lui ouvre la portière de la voiture) et la sensibilité de William à l'égard de Fanny, sont apaisantes. L'admiration et la bienveillance que Fanny porte à son homme, sont enthousiasmantes !

« Il me rend heureuse comme personne ne saurait le faire, et je pense le rendre heureux mieux que personne », lance-t-elle, un sourire de bonheur aux lèvres.

Voici des années à présent, que Fanny et William s'aiment, qu'ils chérissent, remercient, et aujourd'hui partagent cet amour. Ils le font avec la générosité et la bonté qui les caractérisent, et espèrent que leurs mots inspireront, qu'ils donneront espoir. Car ils savent que l'amour peut nous tomber dessus, à n'importe quel moment, et à n'importe quel endroit.

MON REGARD SUR UNE HISTOIRE

Il n'y a pas de hasard, non. Ce n'est pas par hasard que Fanny et William se sont rencontrés dans un club échangiste. Je les ai interrogés à ce sujet, et ils m'ont répondu sans ambages. Ils le reconnaissent, on se rend rarement dans ce genre d'endroits pour rencontrer l'amour ; aussi ajoutent-ils malicieusement qu'ils incarnent en la matière l'exception qui confirme la règle. Ce qui est incroyable, c'est de tomber sur quelque chose d'aussi unique, d'aussi évident, d'aussi magique, en termes de sentiments et d'émotions, dans un endroit où les gens partagent certes leur intimité, mais en laissant les sentiments de côté. Leur explication ? C'est que l'amour ne regarde rien des circonstances, ni le lieu, ni le moment, ni les vies ; rien. Il ne voit que deux êtres, et les réunit.

Pendant sept ans Fanny et William ont vécu dans la même ville, fréquenté les mêmes lieux publics, sans jamais se croiser. Leur amour est le fruit de la chance, celle qu'ils ont su saisir. Ensuite il n'était plus possible de vivre l'un sans l'autre, et les expressions qu'ils trouvent pour me le dire sont d'un romantisme fou : ils se voient comme des aimants, attirés irrésistiblement l'un par l'autre, qui ont bien essayé de lutter, mais en vain. L'amour était plus fort.

Cependant, leur rencontre a eu lieu dans un club échangiste, et je voudrais surtout aborder ici un sujet qui me semble essentiel, bien qu'il puisse encore être source de gêne pour certains : la sexualité.

Cette histoire nous parle avant tout d'amour. Mais, en filigrane, elle évoque

les corps. Elle aborde plusieurs sujets d'une grande importance : les limites que l'on se pose, ou qu'on ne pose pas ; l'équilibre à trouver entre les désirs de l'autre et les siens ; l'épanouissement de sa propre sensualité.

Je pense que faire l'amour, véritablement, c'est dire «je t'aime» avec son corps. Le sexe, dans un couple, est une chose qui peut, et doit, être source de plaisir, manifester une connexion, être un moment d'exultation.

Dans le cadre du couple, la sexualité a un rôle qu'on lui attribue rarement, mais qui est pourtant essentiel : la libération de tensions. La part instinctive, animale qu'elle comporte toujours permet, durant l'acte, de se libérer de tout un tas de petites choses accumulées. D'ailleurs, ne dit-on pas : «se réconcilier sur l'oreiller» ?

Mais pour que la sexualité soit belle, elle doit être respectueuse. Respectueuse de l'autre, et de soi... Et cela passe par deux choses : la connaissance de ses propres envies et de ses limites, lesquelles évoluent au fil du temps, et la communication.

Fanny, en rencontrant William, a pris conscience de ce que pouvait, de ce que devait être la sexualité. Mariée jeune, amoureuse, elle avait suivi son ex-mari dans ses désirs sans tenir compte des siens. Il ne l'avait pas forcée, bien sûr, mais il n'avait pas non plus tellement cherché à savoir si cela lui convenait, s'accommodant de son acceptation passive.

Et puis vient le moment de sa rencontre avec William. C'est volontairement que je parle de «moment» ; le mot les a surpris et nous avons longuement échangé, pour savoir si c'était ou pas le bon timing, pour eux. Ils n'ont

MAIS LA BEAUTÉ
de L'AMOUR, c'est
L'INTERPÉNÉTRATION
DE LA VÉRITÉ
DE L'AUTRE EN SOI,
DE CELLE DE SOI
EN L'AUTRE,
C'EST DE TROUVER
SA VÉRITÉ À TRAVERS
L'ALTÉRITÉ.

EDGAR MORIN

pas eu la possibilité de se demander, lorsqu'ils se sont rencontrés, si c'était le bon moment. Ça n'était pas prévu, mais brusquement ils se sont trouvés face à un choix inattendu et difficile à faire : laisser passer ce qu'ils devinaient être la plus belle chose qu'ils allaient vivre dans leur vie, ou saisir leur chance d'être heureux, de vivre quelque chose d'unique, d'exceptionnel. Sachant que, s'ils saisissaient cette chance, dans le même temps ils s'apprêtaient à blesser des gens, autour d'eux. Ils ont tâché de protéger leur entourage au maximum, mais ont choisi de saisir la chance si belle qui s'offrait à eux.

Aussi, l'un comme l'autre, ils ne parlent pas de «moment», mais de «personne» : s'ils se sont trouvés, ce n'est pas parce que c'était le bon moment, mais c'est parce que chacun est pour l'autre la bonne personne...

Ils développent d'ailleurs cette idée avec le plaisir évident qu'ils ont à parler de leur amour. Quand ils me répondent, ils emploient les mots «complicité», ou «confiance» ; à leurs yeux leur relation est unique, inexplicable, intense. Et s'ils se sentent comblés par cet amour, là encore ils apportent des nuances : ils ne se sentent pas «comblés» par le fait d'être ensemble, mais plutôt «incomplets» lorsqu'ils sont loin l'un de l'autre. Et c'est quand ils ont compris que ce qu'ils vivaient était de l'amour qu'ils ont accepté leurs sentiments, concluant magnifiquement : en découvrant leurs sentiments, ils se sont découverts eux-mêmes...

Car non, le sexe n'est pas un sujet tabou, c'est une chose merveilleuse. Mais il faut pour cela, apprendre à se connaître. Justement. Connaître son corps, en premier lieu. Car c'est un temple. Vous devez tout savoir de lui et de son fonctionnement. Vos envies ensuite, laissez-les vous guider, et soyez conscient et respectueux du moment où vous touchez vos limites. Enfin, dites qui vous êtes, et ce que vous voulez ; c'est votre droit le plus absolu : votre corps vous appartient, et il vous appartient de le partager avec qui, quand, où et comment il vous semble bon de le faire, pour vous ! Dire « non » n'aura JAMAIS de conséquences néfastes ; vous taire, pour plaire, si.

Perspectives d'évolution

CONNAÎTRE SON CORPS, L'ENVELOPPE DE SON ÂME

Notre corps est notre demeure ; il abrite nos pensées, nos émotions, notre âme. L'on nous invite à en prendre soin, mais pour cela, il faut commencer par le connaître et par l'aimer…

Lorsqu'on souhaite trouver l'amour, considérer son corps comme un temple, un temple qui pourra l'accueillir, est une étape tout à fait naturelle.

L'exercice que je vous propose se pratique dans la tenue qui était la vôtre lorsque vous êtes venu au monde : nu.

Pour certains je le sais, c'est déjà une étape en soi. Si c'est le cas, respectez votre rythme, avancez un peu chaque jour.

Dans votre chambre, seul, dans le noir et en silence, commencez par vous dévêtir. Une fois nu, « scannez » votre corps, parcourez-le avec vos mains, de la tête aux pieds. Explorez-vous, c'est votre corps, n'ayez pas peur de lui, ne soyez pas gêné ! Que ressentez-vous ?

Une fois ceci fait, recommencez plusieurs fois si nécessaire, pour arriver à une pratique douce et confortable de ce geste.

Allumez ensuite la lumière et placez-vous, toujours nu, devant un miroir en pied. Regardez-vous. Sans jugement, mais avec neutralité, voire bienveillance. Regardez simplement votre corps, comme si vous le découvriez. Peu importe qu'il vous plaise ou non.

Je vous promets que plus vous passerez de temps avec votre corps, plus vous l'aimerez, et plus vous serez prêt à le laisser être aimé... Et ce, quelle que soit son apparence !

APPRENDRE À DIRE «OUI», ET «NON»

Vous vous demandez peut-être en quoi il est nécessaire d'apprendre à dire «oui» dans le cadre de sa sexualité. Eh bien, l'un (le «non»), ne va pas sans l'autre (le «oui»), et c'est parce que vous serez capable de dire les deux que vous serez libre.

Il s'agit là de fixer les limites, de tracer la ligne entre ce que l'on veut, et ce que l'on ne veut pas. Or, nous savons en général ce que nous ne voulons pas, mais ce que nous voulons peut être flou.

Commençons tout de même par le «non». Je trouve que la phrase «quand il y a un doute, c'est qu'il n'y a pas de doute» est très à propos ici. Si vous trouvez le moment, la personne, le geste, le mot ou quoi que ce soit, un tant soit peu dérangeant, c'est «non» ! Ce «non» doit être sans appel, ni justification

aucune. Vous n'avez pas à expliquer vos raisons, encore moins à vous justifier. Vous n'avez pas à vous répéter, vous n'avez pas à déjouer une tentative de négociation ou de manipulation. Si c'est le cas, partez !

Si vous et votre partenaire êtes curieux, et aimez explorer de nouvelles approches sexuelles, mettez en place un code. Sous la forme d'un mot que vous choisirez ensemble, décidez que si l'un ou l'autre le prononce, tout doit s'interrompre immédiatement. Cela évite les malentendus...

Imaginons par exemple que votre partenaire et vous décidiez de faire l'amour dans la nature, dans un champ. Vous arrivez sur les lieux, vous étendez un plaid, jusque-là tout va bien. Puis, en vous mettant nu(e) et en sentant la brise sur votre peau, vous vous sentez très mal à l'aise. N'hésitez pas à prononcer le code ! Ce n'est peut-être pas le moment, ça le sera plus tard, ou pas du tout. Mais il n'appartient qu'à VOUS d'en décider.

Parlons à présent du «oui». Dire «oui», à des options que l'on n'avait pas envisagées mais qui nous tentent. Dire «oui» à une proposition qui nous impressionne mais nous fait envie. Dire «oui» à une nouveauté qui nous sort de notre zone de confort, mais nous excite. Dire «oui» à ce qui se présente et qui nous «parle», c'est aussi se connaître et évoluer. Notre mental et notre mémoire sont pleins de limites qui nous brident ; les bonnes limites nous protègent, les mauvaises nous entravent.

Lorsque quelque chose de nouveau se présente dans votre vie sexuelle, considérez-le. Vos automatismes seront de dire «non», mais prenez le temps de considérer la question en remettant les choses dans le contexte actuel, en les mettant en perspective. Ce que vous avez cru un jour, n'est peut-être plus vrai aujourd'hui...

Si par exemple votre partenaire vous propose de regarder avec vous un film érotique, votre éducation et vos principes, par réflexe, vous font penser que c'est vulgaire, que si votre partenaire a besoin de ça, c'est que vous ne lui suffisez pas, que c'est humiliant pour la femme, etc. Peu importent vos raisons. Si, après vous êtes posé avec vous-même quelques minutes, vous restez sur ces positions, c'est « non ». Mais si vous hésitez, parce que vous sentez que vous pourriez trouver ça amusant ou excitant, parlez-en avec l'autre, prenez votre temps, faites un essai, et voyez !

On peut ABUSER les AUTRES, mais on ne peut S'ILLUSIONNER SOI-MÊME.

BERNARD WERBER

Poème qui aime

Pour cette fois, je laisse la parole à une poétesse : Fanny. Qui mieux qu'elle pourra en effet exprimer l'intensité de son amour pour William ?

Je te suivrai

Comme un lever de soleil
Qui baigne le monde de lumière
Comme quelque chose qui émerveille
Et me fait me sentir entière
Je te suivrais
Même si le monde en deux se coupait
Mon amour
Je te suivrai
Aucune montagne, aucun océan ne m'arrêterait

Comme une nouvelle danse
Qui guiderait nos cœurs amoureux
Comme une évidence
Tu me fais vivre des moments délicieux
Je te suivrais
Même si les épreuves sont lourdes et aiguisées
Je te suivrai
Deux personnes se trouvent, et une personne naît

Dans la lueur d'un réveil brutal
Des acquis, des valeurs bouleversées
Ni passager, ni absurde, ni banal
Dans la lumière je me laisse sombrer.

MES BELLES RENCONTRES

En 2017, j'ai rencontré une femme. Une sage-femme, dans tous les sens du terme.

J'avais accouché d'Axel en 2013. La grossesse et l'accouchement s'étaient déroulés parfaitement, je n'avais pas la sensation d'avoir mal vécu quoi que ce soit, ni d'avoir subi ce qu'on appelle «les violences obstétricales» dont on parle de plus en plus, à raison, aujourd'hui. Bref, tout était supposé bien aller... Mais la théorie est un pays aussi magnifique, qu'illusoire...

Durant la grossesse, votre corps ne vous appartient plus vraiment. L'on vous examine, l'on vous touche, l'on vous parle de votre intimité. Votre corps change aussi ; il se transforme et vous lui découvrez des capacités incroyables.

Mais une fois ces neuf mois passés, une fois que vous avez votre enfant dans les bras, et le ventre vide, les choses peuvent ne pas revenir à la «normale» d'elles-mêmes, ce qui fut mon cas.

Les premières semaines, j'étais trop fatiguée, trop angoissée pour m'en inquiéter. Mon corps, à ce moment-là, était plus un «boulet» qu'autre chose. J'avais encore quelques désagréments, je le trouvais mou et encore gros, il m'encombrait. Puis, les mois passant, j'en vins au pire : l'indifférence...

Il me fallut quatre années avant de comprendre que je devais me faire aider, que j'étais comme décorporée, que j'étais désincarnée.

Il aura suffi de trois séances. Lors de la première, c'est le franc-parler de Corinne qui commença à me faire rire et à me faire me sentir plus légère. Lors de la suivante, c'est son

« cours » d'anatomie, et l'exercice du miroir qui me remirent sur les rails. La dernière quant à elle, moins évidente, consistait en un toucher vaginal ostéopathique, qui avait pour objectif de me refaire prendre conscience de cette partie de mon corps, pour renouer le contact avec. Je me souviens avoir beaucoup pleuré, et être sortie de là comme si je venais de renaître !

J'avais réintégré mon corps, et en avais refait un temple...

Ces pages sont les vôtres

Peu importe votre âge et la relation que vous avez avec votre corps, racontez ici son histoire au fil du temps...

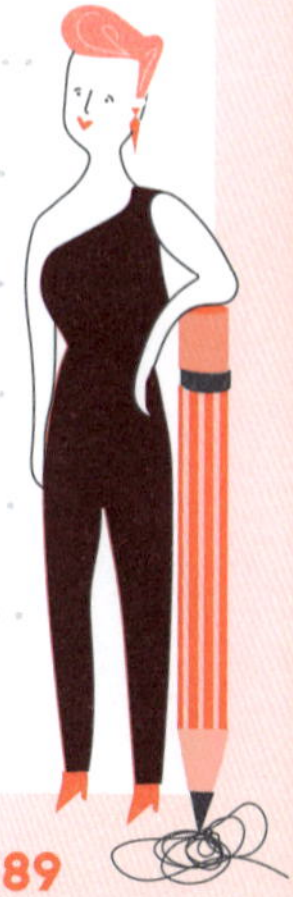

BONUS

Une HISTOIRE de PREMIER rendez-vous

Lorsque j'ai eu terminé de rédiger les huit chapitres de ce livre, mon éditrice m'a proposé d'ajouter une surprise pour vous : un bonus dédié aux premiers rendez-vous. Elle n'a eu aucun mal à me convaincre ; en effet, quoi de plus logique que de vous parler de ce moment sensible vers lequel j'ai eu à cœur, au fil de cet ouvrage, de vous emmener ?

J'espère que ce petit bonus vous plaira !

UNE HISTOIRE DE PREMIER RENDEZ-VOUS

Ah ! les premiers rendez-vous... Ils sont synonymes de papillons dans le ventre, d'impatience, de doutes, d'interminables essayages de tenues, de réunions au sommet avec nos amis pour essayer de tout prévoir... Mais surtout, ils sont synonymes d'espoir ! Car à ce stade d'une relation amoureuse, nul ne sait ce qu'il adviendra. À cet instant précis, vous savez que tout est possible : rien, ou l'histoire d'amour de votre vie... C'est ce qui rend le premier rendez-vous si excitant !

Alors, histoire d'en faire le meilleur moment possible et une petite réussite, pour mettre toutes les chances de votre côté, voici, point par point et dans l'ordre, les quelques règles à avoir en tête. Vous penserez peut-être que la liste est longue et trop précise. C'est vrai ! Mais tous les moments que j'évoque ici peuvent et doivent être du plaisir, et font partie de la beauté du premier rendez-vous. Néanmoins, vous pouvez picorer, et vous contenter de piocher çà et là uniquement ce qui vous parle...

L'AVANT

Et si vous vous prépariez à ce rendez-vous en vous mettant dans les meilleures dispositions ?

Oui, d'accord, mais : lesquelles ?

Celles du corps, et celles de l'esprit.

Le corps d'abord. Prenez soin de dormir suffisamment la veille. Un bon repos sublimera votre visage bien mieux que n'importe quel masque de beauté. Accordez-vous le temps nécessaire pour vous préparer ; ne faites pas cela à la va-vite. Faites couler un bain en musique, faites un peu de yoga, massez-vous... Durant les vingt-quatre heures précédentes, mangez à votre faim, des aliments peu gras et sucrés. Buvez de l'eau pure, votre transit sera plus cool... Et croyez-moi : vous aurez sûrement la boule au ventre, le moment venu, alors, inutile de vous rajouter des désagréments physiologiques !

L'esprit à présent. Voyez le verre à moitié plein, et non le verre à moitié vide. Vous êtes peut-être stressé, ou assailli par le doute ? Mais rappelez-vous que ce que vous allez vivre, vous le voulez. Ce n'est ni un examen, ni une corvée. Écoutez une musique entraînante, qui vous fera danser et vous aidera à vous libérer de vos tensions. Regardez-vous dans le miroir, et souriez-vous avec bienveillance. Vous pouvez même vous faire un clin d'œil !

LA TENUE

Votre tenue doit être un des éléments qui dira à l'autre : « Voici qui je suis. » Elle doit aussi vous faire vous sentir bien dans votre peau.

Ne vous déguisez pas, et n'en faites pas trop. Un naturel sublimé est suffisant.

Si vous avez un look bohème chic par exemple, ne vous forcez pas à porter un autre style.

L'idéal est d'acheter une tenue pour l'occasion. Cela jouera sur votre moral et votre confiance en vous.

Selon le lieu et l'activité qui seront le cadre de ce premier rendez-vous, adaptez-vous. Et si vous ne savez pas trop de quoi ce moment sera fait, misez sur la fameuse petite robe noire, ou le joli chemisier sur un jean et des talons. Vous, messieurs, optez pour le style sport chic, vous serez à votre aise en toutes circonstances !

Prévoyez encore de quoi accessoiriser votre tenue pour la rendre plus adaptée, une fois que vous saurez où vous allez : maquillage ou bijou, cravate ou lunettes de soleil... Si vous êtes une femme et que le rouge est une couleur que vous appréciez, portez-en en haut : pour un homme, ce sera toujours le signe très clair que vous avez l'intention de séduire...

L'ACTIVITÉ

Si c'est vous qui proposez le rendez-vous, ou si l'autre vous demande votre avis, misez sur une activité, plutôt que sur un verre.

Se retrouver face à une personne que l'on connaît peu sans rien avoir à faire d'autre que bavarder peut être gênant, et vous faire manquer l'occasion de vous découvrir.

Au contraire, une activité à partager présente plusieurs avantages : faire quelque chose qui vous plaira, et montrer à l'autre votre univers ; vous éviter les silences gênants ; vous permettre de voir l'autre évoluer et interagir.

Par exemple, si vous aimez les énigmes, pourquoi ne pas participer à un *escape game* ou à une chasse au trésor ensemble ?

L'ATTITUDE

J'ai toujours pensé que les gens passionnants étaient des gens passionnés. Et je crois qu'en matière de séduction, les gens séduisants sont ceux qui rayonnent. Ayez une attitude positive, souriante et avenante. D'abord, parce que c'est plus engageant. Ensuite, parce que cela vous aidera à combattre le stress du début, et à vous sentir lumineux.

Ne cherchez surtout pas à dissimuler votre plaisir d'être là, avec cette personne ! C'est l'erreur classique que commettent la plupart des femmes, pensant qu'un homme a besoin de « ramer » pour être séduit. Oui, il est vrai que certains hommes aiment sentir qu'il leur faudra être patients et convaincants, mais il ne faut pas confondre « se faire désirer » et « se la jouer inaccessible ».

Enfin, le meilleur moyen de faire connaissance, si vous avez peur de n'avoir rien à dire, est d'appliquer cette règle simple : poser une question, écouter la réponse, donner une petite information sur soi, en lien avec cette réponse, et relancer avec une question complémentaire. Cela évite de ne parler que de soi, ou de donner l'impression qu'on fait passer un interrogatoire, et c'est un mode de communication très équilibré. Avec un peu d'entraînement, cela vous semblera très naturel.

Mais voici un petit exemple, qui rendra mon conseil plus concret :

- Es-tu parti en vacances cet été ?
- Oui, je suis allé faire de la plongée au Mexique en solo !
- C'est fou, je plonge depuis que je sais nager ! Comment sont les fonds marins là-bas ?

Etc.

L'APRÈS

Un moment qui peut être délicat, et changer la donne... Que vous soyez un homme ou une femme, sachez que trop de stratégie tue la stratégie. Si vous souhaitez avoir un deuxième rendez-vous, bien-sûr ! Là encore, il s'agit de trouver le juste équilibre.

Votre attitude doit vous ressembler, et notamment ne pas trop s'écarter de celle que vous avez eue durant le rendez-vous. Commencez par envoyer un message simple et poli, pour remercier, dire que vous avez passé un bon moment, et demander si l'autre est bien rentré. C'est tout !

Par exemple : « Je suis arrivée à bon port, prête à m'endormir sur les images de cette jolie soirée, merci ;-) »

Le lendemain, dans l'après-midi, envoyez un message, toujours simple et sans équivoque, pour proposer un autre rendez-vous, le lendemain ou le surlendemain. Soyez précis dans votre demande, et justifiez-la en arguant que vous tenez une « opportunité ».

Par exemple (le vouvoiement est un petit plus amusant) :

Bonjour chère amie ;-)
Ma mémoire ne me trompe pas,
je pense, quand elle me rappelle
à quel point vous appréciez les biopics,
n'est-ce pas ? Le film retraçant
la vie de X sort demain soir, si nous
en profitions pour nous revoir, puis
confronter nos points de vue autour
d'un verre ? Votre obligé ;-)

Voilà ! Le reste vous appartient, et, je vous le souhaite, sera une succession de jolis rendez-vous, toujours plus joyeux et heureux, de plus en plus amoureux et épanouissants !

TEST

Pour quel GENRE d'AMOUR êtes-vous PRÊT ?

Test !

À mon sens, un test devrait avoir pour but de vous permettre une prise de conscience, grâce à une mise en miroir et un questionnement juste. C'est ce que j'ai essayé de vous proposer ici, en ajoutant des pistes de travail qui devraient vous aider à faire évoluer votre situation. J'espère que vous trouverez ainsi ce que vous cherchez !

À quoi ressemblaient la plupart de vos relations amoureuses, jusque-là ?

- ☐ *A*. Elles étaient plutôt fusionnelles
- ☐ *B*. Elles étaient plutôt intenses et complexes
- ☐ *C*. Elles étaient plutôt libres

À quel degré évalueriez-vous votre niveau de bien-être personnel ?

- ☐ *A*. Vous avez entamé un travail sur vous, mais sentez que certains obstacles persistent
- ☐ *B*. Vous vous sentez globalement mal dans votre peau et ne savez pas comment avancer
- ☐ *C*. Vous aimez votre vie et vous êtes en paix avec vous-même

Que disent vos amis de vos espoirs amoureux ?

☐ A. Que vous ne savez pas rester seul

☐ B. Que vous êtes trop exigeant et difficile

☐ C. Que vous êtes trop indifférent

Comment vivez-vous votre célibat ?

☐ A. Comme une injustice, un désespoir

☐ B. Comme un refuge : vous avez peur du couple

☐ C. Comme une occasion de vous retrouver

Lequel de ces films raconte une histoire d'amour qui vous fait rêver ?

☐ A. *Roméo + juliette*

☐ B. *Pretty Woman*

☐ C. *Quand Harry rencontre Sally*

Que représente le couple, pour vous ?

☐ A. La fin de la solitude

☐ B. Le soutien

☐ C. Le partage

Quelle qualité doit primer chez votre partenaire ?

☐ A. La gentillesse

☐ B. L'intelligence

☐ C. L'humour

Vous voilà à la fin de ce petit test ; comptez le nombre de A, de B et de C que vous avez collectés, et lisez dans la suite le paragraphe qui vous concerne…

Vous avez une majorité de A

Une histoire de dépendance

Vous êtes à la recherche d'une relation amoureuse qui vous fasse exister. L'amour est votre carburant. Sans lui, sans l'attention de l'autre, vous ne vous sentez ni vivant, ni motivé. Il est plus important pour vous d'être aimé que d'aimer. Vous attendez de l'autre qu'il ou elle comble votre besoin de reconnaissance. C'est une situation très courante, et qui génère beaucoup de souffrance…

Pourquoi fonctionnez-vous ainsi ? Comment en êtes-vous arrivé là ?

QUE FAIRE ?

Travailler l'amour de soi

Au quotidien, déterminez vous-même ce que vous attendez en général de vos partenaires : de l'affection, des cadeaux, une présence… Ainsi, avec le temps, vous apprendrez à ne plus attendre de l'autre quelque chose que vous ne savez pas vous donner.

Vous avez une majorité de B

Une histoire thérapeutique

Pour vous, aimer rime avec panser. Vous attendez de vos partenaires qu'ils guérissent vos blessures et nettoient le passé. Vous projetez vos attentes et vos besoins sur l'autre, sans vraiment tenir compte de qui il ou elle est. Son rôle est principalement de vous aider. De là naissent beaucoup de frustrations, qui conduisent inévitablement à des déceptions...

Quelles blessures viennent encore faire obstacle dans votre vie ? Pourquoi, et comment ?

QUE FAIRE ?

Travailler la guérison

La thérapie, quelle qu'elle soit, est tout indiquée dans ce genre de situation. Vous devez trouver, en dehors de votre couple, le soutien et les solutions dont vous avez besoin. Trouver un praticien qui vous inspire confiance et dont la méthode thérapeutique vous parle.

Vous avez une majorité de C

Une histoire de liberté

Seul ou en couple, vous êtes le/la même, ou presque. Pour vous, être avec quelqu'un ne signifie pas ne plus être avec soi. Vous voyez l'amour comme une association entre deux personnes qui vont bien, et qui décident de multiplier ce bien. L'autre est un plus, mais son absence n'est pas un moins pour autant. Vos besoins de solitude, d'indépendance et de liberté sont primordiaux pour votre bien-être. De votre côté tout va bien, mais vous avez du mal à trouver des personnes qui vous ressemblent...

Assumez-vous totalement cet état d'être et d'esprit, ou vous sentez-vous parfois comme un OVNI ?

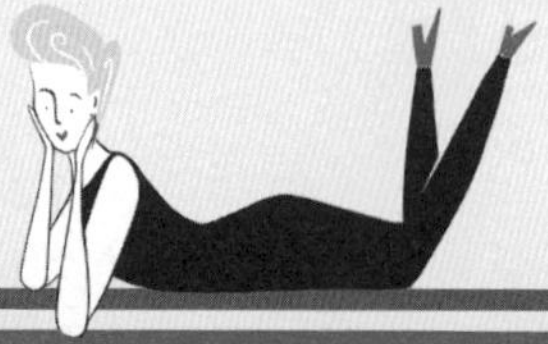

QUE FAIRE ?

Sortez de votre zone de confort social

Lancez-vous dans des activités et des univers nouveaux, excitants ! Allez vers des choses qui vous tentent, mais que vous n'avez jamais trouvé le courage ou le temps de faire. Choisissez des univers qui inspirent ce à quoi vous aspirez, vous y rencontrerez des personnes qui vous ressemblent.

Demandez à vos proches comment ils se sont rencontrés, et dressez votre généalogie de l'amour...

Généalogie de l'AMOUR

QUAND MON GRAND-PÈRE A RENCONTRÉ MA GRAND-MÈRE (côté maman)...

QUAND MON GRAND-PÈRE A RENCONTRÉ MA GRAND-MÈRE (côté papa)...

QUAND MON PÈRE A RENCONTRÉ MA MÈRE...

Quelques mots encore

Moi qui adore les histoires, j'ai été comblée. Lire le récit de toutes ces rencontres fut une sorte de promenade dans un immense magasin de bonbons gratuits !

Certaines de ces histoires m'ont occupé l'esprit plusieurs jours durant ! Car, je vous l'avoue : j'ai régulièrement pris l'ascenseur émotionnel en rédigeant ces pages, passant de la joie à la tristesse, et de la colère à la douceur.

Chaque histoire est entrée dans ma vie, entièrement. Celles que vous venez de lire ne sont pas de simples récits que l'on parcourt puis que l'on oublie. J'ai pour ainsi dire vécu aux côtés de leurs protagonistes, durant tous ces mois, et ils sont devenus des amis, en quelque sorte.

J'ai aussi ressenti la pression d'une lourde responsabilité à laquelle je ne m'attendais pas : il me fallait trouver les mots justes, ceux qui ne dénatureraient en rien ces vies.

Mais alors que je m'apprête à fermer cet ouvrage, je me sens nostalgique, comme déjà en manque. J'ai la sensation, l'intuition même, que s'est ouverte dans mon cœur une porte que je ne suis pas près de refermer.

J'espère qu'au fil de ces pages, vous vous êtes sentis inspirés, regonflés d'espoir.

Et si une personne seulement, après avoir lu ce livre, trouve l'amour, le vrai, alors, j'aurai réussi mon travail.

Merci.

MERCI !

Remerciements

Quelques messages personnels...

À tous les couples qui ont participé de près ou de loin à ce livre :
Merci pour la générosité dont vous avez fait preuve, elle sera inspirante pour chacun !

À toutes les personnes qui ont travaillé avec détermination et bienveillance à la réalisation de ce nouvel opus :
Nous formons une chaîne humaine, dont chaque maillon a nourri cet ouvrage, merci d'en faire partie ! La maison d'édition avec laquelle je collabore est unique, j'y suis attachée avec beaucoup de cœur.

À Élisabeth :
Tu aimes, tout simplement, et ça fait tout, merci !

À toutes celles et ceux qui ont lu mon premier ouvrage et m'ont poussée, par leurs encouragements, à écrire le deuxième :
Merci ! C'est pour, c'est grâce à vous que je poursuis mes rêves d'écriture !

À toutes les personnes que j'accompagne ou que je côtoie, dans mon travail en cabinet ou lors de mes tournages :
Vous m'apportez le souffle magique sur lequel je déploie mes rêves, merci !

À mes amis, les anciens, les nouveaux, les proches et les lointains :
Je vous sens autour de moi, vous êtes un rempart contre la morosité, et un pont vers la joie, je vous aime !

À ma famille :
Votre fierté, votre enthousiasme, votre joie de me savoir heureuse me donnent des ailes, dont les plumes ont écrit ces lignes, merci !

À toi, V :
Tu sais déjà tout, merci pour ce tout...

À toi, Axel :
Toutes mes réalisations te seront à jamais dédiées, car tu es la plus belle d'entre elles. Merci de nous offrir, à ton papa et à moi, la chance d'être les parents d'un miracle. Je t'aime.

Toute existence
TIRE SA VALEUR
de la QUALITÉ
de L'AMOUR :

Dis-moi quel est
TON AMOUR
— et je te dirai —
QUI TU ES.

JEAN-PAUL II